Schulerfolg und Selbstbewusstsein

Schulerfolg und Selbstbewusstsein

Imaginationen für Kinder von Klaus W. Vopel

iskopress

ISBN 978-3-89403-457-3
1. Auflage 2011
Copyright © iskopress, Salzhausen
Umschlag: Mathias Hütter, Schwäbisch Gmünd
Druck und Bindung:
Aalexx Buchproduktion, Großburgwedel

**Bibliografische Information der
Deutschen Bibliothek**
Die Deutsche Bibliothek verzeichnet diese Publikation
in der Deutschen Nationalbibliografie;
detaillierte bibliografische Daten sind im Internet
über http://dnb.ddb.de abrufbar.

Inhalt

Vorwort

In diesem Band finden Sie kurze, kreative Imaginationen für Ihre Arbeit in Grundschule, Sozialarbeit und Kindertherapie, die den Kindern helfen, in der Schule und im Leben besser zurechtzukommen. Der Lernerfolg der Kinder beruht dabei auf einer Kette kleiner Erfolge, die in ihrer Verknüpfung ein großes therapeutisches Potenzial entwickeln können.

Die Imaginationen geben den Kindern neues Vertrauen in die Kräfte des eigenen Geistes und in ihre Fähigkeit, eigene Lösungen für die unvermeidlichen Schwierigkeiten des Lebens zu finden. Damit folge ich der therapeutischen Philosophie von Milton H. Erickson: Jeder hat in sich die passende Antwort auf die Herausforderungen des eigenen Schicksals.

Sie haben es hier mit einem besonderen Typ kreativer Imaginationen zu tun, die sich durch einige Besonderheiten von den klassischen Phantasiereisen unterscheiden. Während diese unsere inneren Bilder mit detaillierten Hinweisen relativ kleinschrittig lenken, verzichten wir hier auf solche Ausführlichkeit. Dadurch wird der Vorstellungskraft mehr Raum gegeben, was stark motivierend wirkt.

Es war die französische Therapeutin Colette Aboulker-Muscat, die diese sogenannten Mikro-Imaginationen entwickelte. Im Jahre 1909 in Algier geboren, wuchs Aboulker-Muscat in einer wohlhabenden, jüdischen Familie auf. Ihr Vater arbeitete als Neurochirurg in einem großen Krankenhaus, ihre Mutter war eine bekannte Schriftstellerin. Schon früh beschäftigte sich Aboulker-Muscat mit den heilsamen Auswirkungen geleiteter Imaginationen. Im Zweiten Weltkrieg wendete sie ihre therapeutische Methode zunächst in einem Militärkrankenhaus in Algier an. Sie betreute schwer verletzte Soldaten, denen sie half, weniger unter ihren Schmerzen zu leiden und schneller gesund zu werden.

Neben ihrer Tätigkeit im Krankenhaus unterrichtete Aboulker-Muscat an der Universität von Algier Philosophie. Sie war mit bedeutenden Philosophen persönlich befreundet, so mit Martin Buber und Henri Bergson, der mit seiner Lehre vom Élan vital nicht nur in Frankreich sehr einflussreich war. Außerdem war Aboulker-Muscat Schülerin des französischen Psychologen Robert Desoille. Desoille entwickelte eine therapeutische Methode, die er als geleiteten Wachtraum bezeichnete. Seine Idee war es, mit archetypischen Motiven zu arbeiten, wie z. B. Berg, Höhle, Wiese, Wald, weiser Mann etc. Er gab seinen Patienten die Aufgabe, diese Motive in ihrer Phantasie zu erforschen. Aboulker-Muscat griff diese Anregungen auf und entwickelte daraus im Laufe der Zeit ihre eigene Methode.

Später emigrierte Aboulker-Muscat nach Israel, wo sie 2003 im Alter von 95 Jahren starb. Klienten aus der ganzen Welt suchten sie dort auf. Sie beriet die Menschen bei persönlichen Problemen, half aber auch Künstlern und Wissenschaftlern, die nach beruflichen Lösungen suchten. Daneben veranstaltete sie Seminare, zu denen Psychologen und Mediziner aus Europa, den USA und dem Vorderen Orient kamen.

Im Laufe der Zeit erwies sich Aboulker-Muscat als unerschöpfliche Quelle von unorthodoxen Einsichten. Sie bewegte sich elegant auf den Feldern von Anthropologie, Psychologie, Religion, Kunst, Medizin und Dichtung. Sie brachte ihre Schüler dazu, die Fülle der eigenen Ressourcen zu entdecken und die Welt aus einer neuen Perspektive zu betrachten. Zu ihren Lieblingsmethoden gehörten kurze Imaginationen, die in der Regel nicht länger als zwei bis vier Minuten dauerten, einschließlich der vorausgehenden Entspannung durch spezielle Atemübungen. Mit diesen Atemübungen stimmte sie die Klienten ein und ermöglichte ihnen die Konzentration nach innen. Das folgende Beispiel zeigt ihre Vorgehensweise:

«Schließ die Augen und atme drei Mal langsam aus… Spüre ein Gewicht, das auf deiner Brust lastet… Spüre die damit verbundene Einschränkung… Atme ein Mal langsam aus und entferne dann das Gewicht… Spüre, wie sich deine Lungen ausdehnen und mit weißem Licht füllen… Spüre, wie du jetzt leicht und beschwingt atmen kannst… Und nun öffne die Augen… Jedes Mal, wenn du Schwierigkeiten beim Atmen bekommst, kannst du diese Übung wiederholen…»

Aboulker-Muscat entwickelte auch längere Phantasiereisen, die sich mit den Träumen ihrer Patienten beschäftigten. Diese nannte sie «Wachträume». Doch von größter therapeutischer Bedeutung sind ihre kurzen Imaginationsübungen, bei denen oft ein Bild verwendet wird, das einen kurzen kognitiven Schock auslöst (Stell dir vor, dass du eine Stechmücke bist… Wie sieht dein Leben als Steckmücke aus?… Was tun Tiere und Menschen, wenn sie dich herankommen hören?… Kennst du Menschen, die sich ähnlich verhalten wie Steckmücken?…). Dieser Schock soll die Denkgewohnheiten des Klienten durchbrechen und ihm eine neue Sicht auf sein Problem ermöglichen. Dadurch wird die Auflösung des zugrunde liegenden Problems und ein verändertes Verhalten möglich. Sache des Klienten ist es, aus seinem Phantasieerlebnis eigene Schlüsse zu ziehen. Das stärkt das Gefühl persönlicher Verantwortung und Autonomie. Die Therapeutin beschrieb ihr Vorgehen so: «Ich gebe den Schlüssel, aber meine Schüler müssen die Tür selbst öffnen, um neues Terrain zu betreten.»

Aboulker-Muscat legte außerdem Wert darauf, am Ende jeder Sitzung einen spirituellen Akzent zu setzen und den Blick auf eine höhere Macht zu richten.

Inzwischen haben viele Therapeuten Aboulker-Muscats Methoden übernommen und weiterentwickelt. Von besonderer Bedeutung ist die Arbeit von Dr. Gerald Epstein, der als Psychotherapeut in New York seine eigene Imaginationsmethode entwickelt hat. Bekannt ist auch die Arbeit der Traumtherapeutin Catherine Shainberg, die ebenfalls in New York City praktiziert. Schließlich ist die pädagogische Arbeit von Sarah Berkovits zu erwähnen. Berkovits arbeitete über 20 Jahre im Schulwesen von New York City und schuf zahlreiche kurze Imaginationen für ihre Schüler und Kollegen.

Ich bin überzeugt, dass dieser besondere Typ der Mikro-Imagination großes pädagogisches Potenzial besitzt. Er kann Schülern von der Grundschule an helfen, mehr Selbstbewusstsein zu entwickeln, effektiver zu lernen, die eigenen Talente klarer zu erkennen, Ziele zu finden und mit Entschlossenheit anzustreben, sowie Optimismus und Widerstandskraft zu entwickeln.

Klaus W. Vopel

Einleitung

Unser Schulsystem und unsere Gesellschaft locken uns mit dem Versprechen: «Jeder kann alles erreichen, wenn er sich nur genügend anstrengt.» Doch was tun wir wirklich, um Chancengleichheit zu erreichen? – Die Schule führt Kinder aus allen Schichten in einer Institution zusammen. Da die Kinder die Schule jedoch mit völlig unterschiedlichen Voraussetzungen beginnen, gelingt es nur unzureichend, diese Differenzen auszugleichen. Wer als Schüler mit einem Startvorteil beginnt, dem fällt das Lernen leichter. So werden oft aus kleinen Unterschieden große Differenzen und nur wenn die Schule eine besondere Förderung der Benachteiligten organisiert, wird dieser Effekt gedämpft.

In der Grundschule scheint dies wenigstens teilweise zu gelingen. Inzwischen hat man sich darum bemüht, auch den Übergang auf das Gymnasium zu demokratisieren. Dadurch hat sich die Dramatik der sozialen Selektion abgeschwächt. Dennoch können wir uns nicht beruhigt zurücklehnen. In der modernen Wissensgesellschaft bestimmt Bildung den Lebenslauf stärker als das je zuvor der Fall war. Allein aufgrund des Bildungsabschlusses lassen sich Einkommenserwartungen, Scheidungs- und Krankheitsrisiken etc. vorhersagen.

Ein großes Problem besteht darin, dass etwa 20% eines Schülerjahrgangs das Mindestziel verfehlen, nämlich die Beherrschung der grundlegenden Kulturtechniken. Sie verlassen die Schule ohne Aussicht auf einen zukunftsfähigen Beruf. Fast jeder fünfte Schüler bleibt demnach chancenlos und unsere Gesellschaft ist nicht in der Lage, diese große Risikogruppe zu integrieren. In der Öffentlichkeit wird viel zu selten über die Schüler debattiert. Probleme des Gymnasiums und der Universität hingegen finden überproportionale Beachtung. In unserem Bildungssystem geht es nicht gerecht zu. Prestigereiche, sozialselektive Einrichtungen werden tendenziell stärker gefördert als jene Institutionen, die die Entstehung von Risikogruppen verhindern könnten.

Im Augenblick leidet unser Bildungssystem an einer Unterfinanzierung der Eingangsstufen. Bei der Frühförderung und an der rechtzeitigen Hilfe im Grund- und Hauptschulbereich wird gespart. Die Folgekosten werden dann aus Steuermitteln finanziert (Berufsvorbereitungsjahr, einjährige Berufsfachschulen, Maßnahmen der Arbeitsagenturen, Krankenkassen, Gefängnisse etc.). Wenn wir dies vermeiden wollen, müssen die betroffenen Schulen mit zusätzlichem Personal an Sozialpädagogen und Psychologen ausgestattet werden. Wichtig wäre auch, dass an jedem Standort eine sonderpädagogische und lernpsychologische Beratung verfügbar ist. Inzwischen werden solche Überlegungen zum Glück öffentlich angestellt und wir können hoffen, dass sie in die Bildungspolitik Eingang finden werden.

Erfolg ist ein starker Motivator

Wir müssen dafür sorgen, dass Schüler mit einer schwierigen Lernbiografie Erfolge erleben können. Jeder weiß aus seiner eigenen Lebensgeschichte, dass Lernerfolg gute Gefühle erzeugt, die uns helfen, noch intensiver zu lernen, Frustrationen auszuhalten und eine positive Zukunftsperspektive zu entwickeln. Ein Kind, das auf eine lange Reihe von Misserfolgen zurückblickt, verliert die Lust am Lernen und, was noch schlimmer ist, es verliert seine Selbstachtung: «Ich bin nichts wert... ich kann nichts... ich bin nicht wichtig... niemand interessiert sich für mich... ich bin nicht liebenswert... ich bin dumm...» Es verwundert nicht, dass solche vom Leben und der Schule enttäuschten Kinder mit Aggression oder Depression reagieren. Selbstzweifel und Angst vor Zurückweisung untergraben den Glauben an den eigenen Erfolg.

Geleitete Imaginationen sind eine wirksame pädagogische Methode, um solchen Kindern zu helfen. Sie stärken die Phantasie, für die alles möglich ist. Die Kinder lernen schnell, sich eine Situation vorzustellen, in der sie Erfolg haben. Wenn ich mir einen zukünftigen Erfolg lebhaft vorstelle, dann erlebe ich die damit verbundenen erfreulichen Gefühle bereits in der Phase der Vorbereitung. Diesen Schwung kann ich nutzen, um mit neuer Energie und Lust zu lernen und zu arbeiten.

Die kurzen Imaginationen dieses Buches bilden ein wirksames Instrumentarium für alle, die mit Kindern arbeiten – Berater, Lehrer, Sozialarbeiter, und Psychologen. Aber auch Eltern können mit diesen Interventionen arbeiten und die Kinder können sie nach einiger Übung auf eigene Faust benutzen, für sich selbst und für ihre Freunde.

Die kurzen Imaginationen vermitteln Einsicht in das eigene Verhalten, sie entwickeln die sozialen Kompetenzen der Kinder, erleichtern den Umgang mit Gefühlen und erschließen neue persönliche Ressourcen.

Viele dieser Interventionen können schon im Vorschulalter eingesetzt werden, aber sie eignen sich auch für Jugendliche und junge Erwachsene. Wir wenden uns an Spielfreude und Kreativität der Teilnehmer, an ihre

Experimentierlust und ihre Freude am Abenteuer. Hilfreich ist diese Methode auch für Lehrer, die Ordnung und Struktur in ihren Klassen entwickeln wollen, damit mehr Zeit für das fachdidaktische Lernen verfügbar wird.

Die kurzen Interventionen wirken quasi automatisch und unauffällig. Die Einsichten, die gewonnen werden, schmerzen in der Regel nicht. Dennoch sind sie sehr wirksam. Sie verändern das Selbstbild und die Erwartungen an die Umgebung. Sie helfen den Kindern, dem eigenen Leben eine Richtung zu geben und Hoffnung und Optimismus wiederzugewinnen.

Wie Kinder lernen

Viele Kinder geben nur ungern zu, wenn sie irgendetwas bedrückt und gehen einer Erörterung ihrer Schwierigkeiten so weit wie möglich aus dem Weg. Vielleicht liegt der Grund hierfür darin, dass die Kinder jeden Rückfall in einen Zustand der Schwäche, der Abhängigkeit oder Unterlegenheit vermeiden möchten. Sie konzentrieren ihre ganze seelische Kraft darauf, selbstständiger und kompetenter zu werden. In dieser Lage empfinden sie das Eingeständnis von emotionalen Problemen als Rückschlag. Diese Strategie führt oft zur Verleugnung: «Ich habe keine Schwierigkeiten… Ich komme prima zurecht…»

Im Hinblick auf dieses Phänomen wurde die Spieltherapie entwickelt. Sie gestattet es dem Kind, sich von Zeit zu Zeit in eine geschützte Phantasiewelt zurückzuziehen. Hier sind die Kinder selbst die zentralen Figuren, umgeben von Bundesgenossen und Widersachern. Es geht dabei um wichtige Entwicklungsthemen:

• Bekomme ich Hilfe, wenn ich in Not bin?
• Was habe ich von Freunden zu erwarten?
• Wem kann ich vertrauen?
• Wie zuverlässig sind die Erwachsenen?
• Gibt es für mich einen sicheren Platz in der Welt?
• Wer liebt mich?
• Wen liebe ich?
• Finde ich Freunde?

Man könnte sagen, dass die Imaginationsübungen dieses Buches eine spezielle Form der Spieltherapie sind. Doch sie gehen noch einen Schritt weiter, indem sie dem Kind einen Anreiz geben, eigene Problemlösungen zu finden. In der Phantasie kann das Kind Dinge tun, die es zuvor niemals in Betracht gezogen hätte. Die Phantasie erweist sich als Labor für Problemlösungsstrategien mit dem großen Vorteil, dass Gedankenexperimente wenig Angst auslösen. Und wenn das Kind in der Phantasie ein Problem gelöst hat, dann bedeutet es oft nur einen kleinen Schritt, die Lösung auch im wirklichen Leben auszuprobieren. Das Kind kann Wege beschreiten, die es sich bisher nicht zugetraut hat. Es kann etwas Neues ausprobieren, es kann sich aus den Fesseln der Gewohnheit befreien.

Den meisten Kindern fällt es schwer, sich über einen längeren Zeitraum zu konzentrieren, vor allem, wenn sie sich langweilen. Die Gefahr der Langeweile wird jedoch gebannt, wenn die Kinder sich etwas spielerisch aneignen können. Dann erwacht ihre Neugier. Enthält das Spiel genügend Herausforderungen, sind die Kinder bereit, sich über weite Strecken zu konzentrieren. Ähnliche Attraktivität besitzen die Imaginationen. Sie sind eine Art Gedankenspiel und in der Lage, die Aufmerksamkeit der Kinder zu fesseln.

Kinder haben das Bedürfnis, selbst aktiv zu werden. Diesen Wunsch berücksichtigen wir bei den Imaginationsübungen. Wir geben lediglich einen thematischen Rahmen vor, und die Kinder entscheiden selbst, wie sie ihn ausfüllen wollen. Dies gibt ihnen das Gefühl von Stärke und Kompetenz. Hilflosigkeit, Ohnmacht und Frustration können durch Gefühle von Unabhängigkeit und Zuversicht ersetzt werden.

Imagination spielt von Beginn an eine bedeutende Rolle im Leben eines Kindes. Wer kleinen Kindern beim Spiel zusieht, bemerkt, wie lebendig und bunt ihre Phantasiewelt ist. Kinder brauchen nicht viele Requisiten, um Häuser und Städte, Burgen und Berglandschaften für ihre Helden und Bösewichte zu bauen.

Wenn ihnen kein Spielzeug zur Verfügung steht, benutzen die Kinder Kartons, Möbelstücke o.Ä. und stellen sich vor, dass daraus Schiffe und Flugzeuge, Eisenbahnen und Raketen werden. Phantasieexperimente knüpfen direkt an diese natürliche Kreativität und konstruktive Vorstellungskraft der Kinder an.

Die Arbeit mit Imaginationen passt zum Lernstil der Kinder. Sie greift ihre natürliche Lust an der Phantasie auf und kommt ihrem Bedürfnis nach Überraschung und Unterhaltung entgegen. Solange sie die Imagination als Spiel erleben, öffnen sich die Kinder und offenbaren, was sie sonst nicht ausdrücken könnten oder wollten.

Die Imaginationen helfen den Kindern auf überraschende Weise, Alltagsprobleme aus einer neuen Perspektive zu sehen. Durch mentales Ausprobieren lernen sie, Schwierigkeiten aufzulösen. Sie erleben Schritt für

Schritt, dass jede Schwierigkeit überwunden werden kann, und zwar sowohl emotionale wie auch physische oder kognitive Schwierigkeiten. Ihre Angst vor dem Unbekannten und vor Niederlagen wird geringer, dagegen wächst ihre Experimentierfreude. Auch die Beziehungen des Kindes zu sich selbst, zu Geschwistern und Freunden, zu Eltern und Lehrern, werden aus einer neuen Perspektive erlebt.

Das Kind kann plötzlich Vorgänge und Prozesse benennen, weil es in der Phantasie klare und deutliche Bilder gesehen hat, die eine präzise Beschreibung erleichtern. So bekommen wir auch als Erwachsene Zugang zur inneren Welt des Kindes. Wir verstehen das Selbstbild des Kindes vollständiger, seine Beziehung zu Geschwistern und Freunden, und bekommen eine genauere Vorstellung vom Ausmaß seines Selbstvertrauens und seiner Widerstandskraft. Schnell wird deutlich, ob ein Kind sich einsam fühlt, leicht frustriert ist und schnell aufgibt oder ob es in der Lage ist, andere anzuziehen und zu beeindrucken. Oft wirft dies ein überraschendes Licht auf die Persönlichkeit des Kindes. Günstig dabei ist es, dass sich das Kind nicht angeklagt, verhört oder ausgespäht fühlt. Darum hat es in der Regel auch nicht das Bedürfnis, sich zu rechtfertigen oder zu verstecken. Und wir als Lehrer oder Therapeuten bekommen wertvolle Hinweise, wie wir die Stärken des Kindes fördern und was wir als Verbündete des Kindes tun sollten. Darüber hinaus gewinnen wir Einsichten, welche Imaginationen einem bestimmten Kind auf besondere Weise helfen. So könnte ein Kind, das sich ängstlich und gehemmt fühlt, gefördert werden, indem es z. B. in der Phantasie lernt, Fenster und Türen zu öffnen.

Wie Sie mit diesem Buch arbeiten können

Alle Imaginationsübungen können sowohl in Gruppen als auch in der Einzelberatung eingesetzt werden. Die Imaginationsübungen geben uns und den Kindern Einblick in ihre Themen. Sie zeigen überraschend deutlich typische Verhaltensweisen und Verhaltensmuster. Diese Einsichten helfen uns, den Kindern erwünschte Veränderungen zu erleichtern. Gemeinsam mit den Kindern können wir nach verschiedenen Handlungsmöglichkeiten suchen, nach unterschiedlichen Reaktionsweisen und nach bisher nicht ausprobierten Wegen. In der Regel benötigen Kinder eine ganze Weile, um gewohnte Verhaltensmuster aufzugeben. Manchmal können wir allerdings schon im Rahmen eines Imaginationsexperimentes einen starken Entwicklungsschritt beobachten.

Damit die Kinder möglichst viel von diesen Aktivitäten haben, sollten sie ein Tagebuch führen, wo sie aufschreiben, was sie dabei erlebt haben.

Zusätzlich können sie das Erlebte durch kleine Zeichnungen verdeutlichen.

Der Inhalt des Buches ist in drei Kapitel gegliedert. Jedes Kapitel enthält thematisch zueinander passende Übungen. Die Imaginationen knüpfen am Vorstellungsvermögen der Kinder an und führen sie zu einem umfassenderen Verständnis der eigenen Gefühle, Wünsche und Werte. Dabei wird sowohl das intuitive psychologische Wissen des Kindes angesprochen als auch seine kindliche Weisheit.

Der Zeitrahmen für eine Imagination sollte relativ eng gesteckt werden; etwa zwei Minuten genügen. Dieses schnelle Tempo soll vor allem verhindern, dass die Kinder anfangen zu träumen. Es hat sich als gut erwiesen, wenn die Kinder pro Woche eine Sitzung haben und sich auf eine Übung konzentrieren.

Auf jeden Fall ist es empfehlenswert, dass Sie selbst die Übungen, die Sie den Kindern vorschlagen möchten, zuvor ausprobieren.

Anleitung der Imaginationen

Die wesentlichen Hinweise zu Beginn und am Ende einer Übung sind stets die gleichen. Auf diese Art gewöhnen sich die Kinder daran und folgen nach einiger Zeit diesem Ritual ganz automatisch. Dabei ist die Stimme des Erwachsenen wichtig. Mit Ihrem Tonfall sollten Sie den Kindern indirekt mitteilen:

• Ich bin an deiner Seite…
• Ich passe auf dich auf…
• Wenn es irgendwelche Schwierigkeiten gibt, stehe ich dir zur Verfügung…
• Ich bin gespannt, was dir einfallen wird…
• Ich freue mich an deinen Fortschritten und registriere diese genau…

Diese impliziten Botschaften sind wichtig für den Lernprozess der Kinder, denn Lernen ist immer von Unsicherheit begleitet, weil es eine Reise ins Unbekannte ist.

Sie können jede Übung mit der folgenden Einleitung beginnen: «Mach es dir auf deinem Stuhl bequem, stelle beide Füße flach nebeneinander auf den Boden… Lass die Hände auf deinen Knien liegen, die Handflächen nach oben…» (Diese Haltung ist günstig für einen freien Energiefluss durch den Körper.) «Schließ jetzt bitte die Augen und halte sie geschlossen, bis ich dich dazu auffordere, sie wieder zu öffnen. Die geschlossenen Augen helfen uns, Dinge zu sehen, die wir mit offenen Augen nicht bemerken würden. Ihr werdet eure Augen etwa zwei Minuten geschlossen halten. Atme nun bitte drei Mal langsam durch den Mund aus. Lass uns das Geräusch deines Atems hören, wenn die Luft langsam aus deinem Mund herausströmt.» (Hier sollte eine Pause folgen, damit die Kinder drei Mal in Ruhe ausatmen können. Das langsame Ausatmen erleichtert den Prozess der Entspannung. In diesem Zustand kann das Gehirn des Kindes kreativ funktionieren. Außerdem löst das langsame Atmen eventuell noch bestehende Unruhe und Ängste auf).

Während der gesamten Übung sollten Sie kurze Pausen einstreuen. Machen Sie dies bitte auch am Ende der Übung und fordern Sie die Kinder erst danach zur Rückkehr in das Tagesbewusstsein auf: «Atme ein Mal aus und öffne dann in deinem eigenen Rhythmus die Augen.»

Wenn eine Übung sehr lang ist, ist es ratsam, sie aufzuteilen. In diesem Falle können Sie die Pause ankündigen, indem Sie z. B. sagen: «Wir machen nun eine kleine Pause, damit du genügend Zeit hast, deine inneren Bilder zu betrachten. Atme ein Mal langsam aus.»

In seltenen Fällen kommt es vor, dass ein Kind während einer Übung signalisiert, dass es aus irgendeinem Grunde Unbehagen empfindet und pausieren möchte. Ermuntern Sie das Kind in diesem Fall innezuhalten, die Augen zu öffnen und eine Pause einzulegen.

Auswertung

Nach jeder Übung haben Sie folgende Möglichkeiten:
- Sie können die Kinder auffordern, mündlich zu berichten oder aufzuschreiben, was sie während der Imagination gesehen haben, wie sie sich gefühlt haben und was geschehen ist.
- Sie können die Kinder fragen, was sie über sich, über irgendeine andere Person oder über das Leben insgesamt gelernt haben.
- Eine weitere gute Möglichkeit der Verarbeitung bietet das Malen. Die Kinder sollten zum Beispiel Ölkreiden in verschiedenen Farben zu Verfügung haben, um die inneren Bilder, die sie gesehen haben, zu reproduzieren.

Wenn die Kinder von ihren inneren Erlebnissen berichten, dann sollten sie dies nach dem Prinzip der Gestalttherapie im Präsens tun, also: «Ich sehe einen Zwerg, der mich einlädt...» und nicht: «Ich habe einen Zwerg gesehen, der mich in seine Höhle eingeladen hat.»

Während die Kinder berichten, sollten Sie sie nicht unterbrechen. Und auf keinen Fall dürfen die Erlebnisse der Kinder beurteilt oder interpretiert werden. Auf diese Weise drücken wir unseren Respekt für die Kinder und ihre geistige Selbstständigkeit aus. Wir machen ihnen Mut für weitere Experimente und stärken ihr Vertrauen in uns als erwachsene Begleiter.

Ich wünsche Ihnen für Ihre Arbeit mit den Kurz-Imaginationen Spaß und Erfolg. Sie dürfen erwarten, dass auch Sie selbst davon auf überraschende Weise profitieren werden.

Klaus W. Vopel

Kapitel 1
Selbst-Bewusstsein

WER BIN ICH?

Mit dem Eintritt in die Schule erwacht das Interesse der Kinder an der eigenen Persönlichkeit. Sie versuchen herauszufinden, welche Kinder als Freundinnen/Freunde zu ihnen passen, wie sie mit ihren Eltern auskommen und in der Familie ihre Interessen durchsetzen können. Früh erwacht bei vielen Kindern der Wunsch, beliebt zu sein und andere zu beeinflussen. Die meisten von ihnen legen auch Wert darauf, in der Schule erfolgreich zu sein. Das fällt ihnen leichter, wenn sie in der Familie geeignete Vorbilder finden oder wenn sie mit besonderen Talenten gesegnet sind.

Was alle Kinder verbindet, ist emotionale Offenheit, spontane Neugier und auch eine gewisse Risikobereitschaft. Diese Eigenschaften helfen ihnen, sich selbst und die Welt immer besser kennenzulernen, eigene Entscheidungen zu treffen und unabhängiger zu werden. Sie sind auch für das Lernen in der Schule und in anderen Gruppierungen hilfreich.

Geleitete Imaginationen sind ein Medium, das Phantasie und Intuition der Kinder anspricht. Da in der Welt der Vorstellung prinzipiell alles möglich ist, erleben die Kinder schnell einen Zuwachs an Kompetenz und mentaler Macht. Bald verstehen sie, dass diese Übungen ihnen helfen, sich selbst und andere besser zu verstehen.

In der Gruppen sollte jede Imagination durch ein kleines Ritual eingeleitet werden. Beginnen Sie bitte jede Übung mit einer kurzen Vorbereitung. Hier eine Standardversion, die ich später im Text verkürzt wiedergebe:

Mach es dir auf deinem Stuhl bequem. Stell beide Füße flach auf den Boden. Leg deine Hände auf die Knie, die Handflächen nach oben. Und nun schließ die Augen und halte sie so lange geschlossen, bis ich dich darum bitte, sie wieder zu öffnen. Du wirst deine Augen nur ein paar Minuten geschlossen haben.

Atme nun bitte langsam drei Mal durch die Nase ein und durch den Mund wieder aus. Lass uns hören, wie dein Atem aus deinem Mund strömt, während du langsam ausatmest.

(Warten Sie ab, bis alle Kinder mindestens drei Mal ausgeatmet haben, ehe Sie mit der Imaginationsübung beginnen.)

Am Ende jeder Übung soll dann ein kurzes Schlussritual folgen. Verwenden Sie eine kurze Formel wie z. B. «Und nun atme ein Mal aus und öffne dann in deinem eigenen Tempo die Augen».

Das Wörterbuch

Kinder im Grundschulalter verfügen über einen natürlichen Ehrgeiz. Sie möchten sich entwickeln, sie möchten kompetenter werden, sie möchten liebenswert sein und anziehend für andere. Häufig schwebt ihnen dabei irgendein Ideal vor: ein älteres Kind oder ein Erwachsener, den sie schätzen und verehren. Es dauert in der Regel viele Jahre, bis die Kinder so viel Kraft gewonnen haben, dass sie ihre eigenen Stärken, ihre eigene Bestimmung im Leben erkennen können.
Für Kinder dieses Alters ist es hilfreich, wenn sie früh lernen, frei und offen über erwünschte oder problematische Charakterzüge zu sprechen.

Mach es dir auf deinem Platz bequem und schließ die Augen. Atme ein Mal langsam aus.
Stell dir vor, dass du ein Wörterbuch in den Händen hältst. In diesem Wörterbuch steht auch einiges über dich geschrieben.
Bitte öffne jetzt das Wörterbuch: Such alle Wörter heraus, die dich so beschreiben, wie du gern sein möchtest.
Wie heißen diese Wörter?
Nun stell dir vor, dass du ein Blatt Papier nimmst und alle diese Wörter aufschreibst.
Stell dir nun vor, dass du diese Eigenschaften tatsächlich hast. Was tust du dann? Was ist dir dann möglich?
Wer freut sich darüber, dass du alle diese guten Eigenschaften hast?

Fliegen können

Als Kinder waren wir fasziniert von Dingen, die fliegen konnten. Wir kannten die Wirkung der Schwerkraft und bedauerten, dass wir einen Stein nicht weiter schleudern konnten, dass unsere Sprünge kürzer ausfielen, als wir eigentlich wollten. Fliegen erschien uns wie Zauberei, als Inbegriff von Kompetenz, Macht und Überlegenheit. Darum benutzen wir hier verschiedene Metaphern des Fliegens, um die Aufmerksamkeit des Kindes auf das eigene Potenzial zu lenken. Auch wer sich heute noch als Spatz fühlt, kann in ein paar Jahren als Adler in den Himmel steigen.

Mach es dir auf deinem Platz bequem und schließ die Augen. Atme ein Mal langsam aus.

Stell dir vor, dass du ein Adler bist.

Wie fühlt es sich für dich an, ein Adler zu sein?

Wie bewegst du dich in den Lüften?

Nun stell dir vor, dass du ein kleiner Spatz bist.

Welcher Vogel bist du lieber?

Und nun stell dir vor, dass du ein bunter Luftballon bist. Das Kind, dem du gehörst, hat dir die Freiheit geschenkt und dein Band losgelassen. Du steigst höher und höher in den Himmel hinauf. Wenn du willst, kannst du dich vom Wind weit, weit wegtragen lassen.

Und nun sei in deiner Phantasie ein Heißluftballon mit einer Gondel darunter, einem Luftschiffer und einem Fahrgast.

Wie gefällt es dir, langsam über den Himmel zu gleiten?

Was kannst du unter dir sehen?

Welcher von beiden Ballons gefällt dir besser – Luftballon oder Heißluftballon?

Das Pferd

Viele Kinder und Jugendliche begeistern sich für Pferde. Diese Tiere scheinen eine Aura zu besitzen, die den Sehnsüchten junger Menschen entspricht: Kraft, Stolz, Sensibilität und Schönheit. Hinzu kommt, dass Pferde schnell sind und schwer einzufangen, wenn sie flüchten. Kindern wie Erwachsenen fällt es leicht, sich mit einem Pferd zu identifizieren.

Mach es dir auf deinem Platz bequem und schließ die Augen. Atme ein Mal langsam aus.

Stell dir vor, dass du ein junges Pferd bist. Stolz trabst du über die Wiesen. Deine Mähne flattert im Wind und du hörst, dass deine Schönheit bewundert wird.

Ab und zu lässt du ein lautes Wiehern hören und rufst den anderen Pferden zu: Das Leben ist schön!

Wie fühlt es sich für dich an, ein Pferd zu sein?

Welche Eigenschaften hat dieses Pferd?

Der Buchstabe

Ein spielerischer Umgang mit der Sprache sollte ein wichtiger Bestandteil jedes frühen Curriculums sein. Es ist wichtig, dass die Kinder ihre Scheu vor der Schrift verlieren und sie als etwas Natürliches und zu ihnen Gehörendes betrachten. Je weniger Angst wir empfinden, desto müheloser kann unser Gehirn aus einzelnen Buchstaben lebendige Wörter formen.

Mach es dir auf deinem Platz bequem und schließ die Augen. Atme ein Mal langsam aus.

Stell dir vor, dass du auf ein weißes Blatt Papier schaust, auf dem ein großes, gedrucktes A zu sehen ist.

Stell dir vor, dass du selbst dieser Buchstabe A bist, der erste von den 26 Buchstaben des Alphabets.

Wie fühlt es sich für dich an, ein A zu sein?

Sieh nun bitte den großen Buchstaben Z.

Stell dir vor, dass du der Buchstabe Z im Alphabet bist, der letzte von 26 Schriftzeichen.

Wie fühlt es sich für dich an, der Buchstabe Z zu sein?

Mein Name

Unser Name trägt wesentlich zum Gefühl unserer Einmaligkeit bei. Außerdem kann er uns ein Empfinden von Stabilität und Sicherheit geben. Der Name ist ein Stück Heimat, das uns überallhin begleitet. Dieses vertraute Gefühl entwickelt sich leicht, wenn wir davon überzeugt sind, dass unser Name mit Liebe und Sorgfalt ausgewählt wurde.

Mach es dir auf deinem Platz bequem und schließ die Augen. Atme ein Mal langsam aus.

Stell dir dein Schreibheft vor und sieh auf dem Umschlag deinen Namen.

Nun nimm eine Zeitung zur Hand und sieh auf irgendeiner Seite deinen Namen.

Geh in eine Buchhandlung und sieh deinen Namen auf einem der Bücher.

Wie gefällt es dir, deinen Namen dort zu sehen?

Wo möchtest du deinen Namen sonst noch geschrieben sehen?

Lieblingsplatz

Wenn uns die Gegenwart aus irgendeinem Grunde unangenehm ist oder sogar unerträglich scheint, dann haben wir eine wunderbare Möglichkeit: Wir können in der Phantasie an einen idealen Platz gehen, wo wir uns wohlfühlen, wo es uns gut geht, wo wir uns entfalten können, wo wir Probleme lösen und seelische und körperliche Schmerzen heilen können. Auf diese Fähigkeit hat die Menschheit immer schon zurückgegriffen.

Eltern und Lehrer sollten nicht vergessen, ihre Kinder mit dieser Möglichkeit vertraut zu machen. Schon ein kurzer Aufenthalt an einem imaginären Ort kann Entspannung und Erholung bringen. Diese Phantasiereise stärkt die Widerstandskraft und bringt Regeneration bei Stress.

Mach es dir auf deinem Platz bequem und schließ die Augen. Atme ein Mal langsam aus.

Stell dir vor, dass du an dem Ort bist, wo du am allerliebsten sein möchtest.

Wo ist dieser Ort?

Was kannst du dort sehen?

Was kannst du dort hören?

Wie riecht es dort?

Was tust du da?

Ist irgendjemand bei dir?

Was geschieht sonst noch an diesem Ort?

Mutig sein

Mut gehört zu den wichtigsten Charakterstärken, die die Kinder entwickeln können. Mut macht es ihnen möglich, die unvermeidbaren Ängste des Lebens auszuhalten, Risiken einzugehen und Neues zu wagen. Kinder entwickeln leichter Mut, wenn einfühlsame Erwachsene sie begleiten.

Die gesamte Schulzeit erfordert Mut von den Kindern und es ist hilfreich für sie, wenn sie erfahren, dass auch Eltern und Lehrer immer wieder Mutproben bestehen müssen.

Mach es dir auf deinem Platz bequem und schließ die Augen. Atme ein Mal langsam aus.

Stell dir vor, dass du irgendetwas tust, wovor du Angst hast.

Lass irgendjemanden bei dir sein – jemanden, den du magst und der dich mag.

Was tust du?

Wie tust du es?

Und was geschieht am Ende?

Refugium

Diese Imagination gehört zum Typus «sicherer Platz» (vgl. «Lieblings-platz»). Hier betonen wir von Anfang an ein wichtiges Grundgefühl: ruhi-ge Sicherheit.

Wenn ein Kind zeigt, dass es im Augenblick überfordert ist, dass es seine Gefühle nicht steuern kann, dass es große Angst oder Unruhe empfindet, dann sollte der Erwachsene helfend eingreifen und dem Kind vorschlagen, für eine Weile in der Phantasie sein eigenes Refugium aufzusuchen. Nach einer erfrischenden Pause wird das Kind dann viel besser in der Lage sein, konstruktiv mitzuarbeiten.

Mach es dir auf deinem Platz bequem und schließ die Augen. Atme ein Mal langsam aus.

Stell dir einen Ort vor, wo du dich ganz sicher fühlst, vollständig ruhig und entspannt.

Wie könntest du diesen Ort der Ruhe beschreiben?

Sei an diesem Ort und fühle dich ganz ruhig, sicher und glücklich.

Lade nun jemanden ein, den du gern hast. Lass ihn/sie zu dir kommen, an diesen schönen Ort.

Was macht ihr beiden?

Wie fühlst du dich, wenn dieser Mensch bei dir ist?

Sich öffnen

Kinder im Grundschulalter kennen bereits das Prinzip der selektiven Offenheit. Sie wissen, wem gegenüber sie ihre Gefühle verschließen müs-sen und wo sie ihre Gefühle aufrichtig zeigen können. Gleichzeitig entwi-ckelt sich ihr Sinn für die Schutzbedürftigkeit ihrer Wünsche und Urteile. Die Erwachsenen müssen diese emotionale Strategie der Kinder akzeptie-ren. Die Kinder machen es nicht anders als wir selbst. Kinder empfinden es oft als noch riskanter als Erwachsene, ihre Gefühle offen zu zeigen. In jeder langfristig zusammenarbeitenden Gruppe kommt es darauf an, dass allmählich mehr Offenheit riskiert werden kann, dass die Anzahl der

Geheimnisse und der versteckten Wünsche abnimmt. Das ist leichter mög-
lich, wenn auch die Erwachsenen bereit sind, etwas mehr von ihrer inne-
ren Welt zu zeigen.

Mach es dir auf deinem Platz bequem und schließ die Augen. Atme ein
Mal langsam aus.

Stell dir vor, dass du in deiner Hand einen magischen Dosenöffner hast,
mit dem du jeden Teil von dir öffnen kannst, den du gern öffnen willst.

Benutze nun deinen magischen Dosenöffner, um erst einen, dann einen
anderen Teil von dir zu öffnen.

Welche Teile von dir öffnest du?

Was fühlst du, wenn diese Teile offen sind?

Atme ein Mal langsam aus.

Gibt es auch Teile von dir, die du noch nicht öffnen möchtest?

Kannst du sagen, welche Teile das sind?

Weißt du, warum du diese Teile noch nicht öffnen möchtest?

ICH UND DIE ANDEREN

Selbsterkenntnis wird nur durch unsere sozialen Beziehungen möglich. In jeder Gruppe können wir etwas über unsere Stärken und Schwächen lernen, über unsere Wünsche und Befürchtungen, über unsere Ziele und unsere Abneigungen. Nur in Gruppen können wir lernen, mit anderen Menschen auszukommen. Die folgenden Übungen erforschen die sozialen Beziehungen. Wir wollen dadurch die interpersonelle Intelligenz der Kinder stärken.

Mit der Zeit lernen die Kinder, reibungsloser miteinander auszukommen, die Empfindlichkeiten und Bedürfnisse der anderen deutlicher wahrzunehmen. Sie können dann Unterschiede und Ähnlichkeiten besser erkennen und akzeptieren. Dadurch werden sie toleranter und freundlicher.

Am Anfang unseres Lebens haben wir häufig das Bedürfnis, andere zu ändern, um es selbst leichter zu haben. Mit der Zeit finden wir dann heraus, dass wir auf diese Weise keine Freunde gewinnen, und verstehen, dass es in der Regel einfacher ist, wenn wir uns selbst verändern.

Wir kommen mit anderen besser aus, wenn wir unser Bedürfnis zügeln, andere zu beurteilen. Urteile schaffen Gräben zwischen uns und den anderen. Es ist viel besser für uns, wenn wir häufiger fragen: Auf welche Weise bin ich diesem Menschen ähnlich? Das hat zur Folge, dass andere sich in unserer Gegenwart wohlfühlen.

Der Garten

In dieser Phantasieübung versuchen die Kinder, sich auf die Individualität der anderen Gruppenmitglieder zu konzentrieren. Was macht jeden von ihnen besonders und unverwechselbar? Wenn es mir gelingt, das Besondere an meinem Gegenüber intuitiv zu erfassen, dann ist die Atmosphäre zwischen mir und dem anderen entspannt.

Mach es dir auf deinem Platz bequem und schließ die Augen. Atme ein Mal langsam aus.
Stell dir bitte vor, dass sich dieser Raum in einen schönen Garten verwan-

delt. Aus all den Menschen werden Blumen und Büsche, Bäume und andere Pflanzen.

Finde zuerst heraus, in welche Blume oder Pflanze du dich selbst verwandelst.

Wie gefällt dir diese Pflanze?

In welche Pflanze verwandelt sich dein Freund/deine Freundin?

Und in welche Pflanze verwandelt sich der Gruppenleiter?

Stell dir vor, du gehst durch den Garten und siehst all die Pflanzen, in die
sich die anderen Kinder verwandelt haben.

Wie gefällt dir dieser Garten?

Wie würde sich ein Besucher fühlen, der durch diesen Garten spazierte?

Riese unter Riesen

*Rivalität ist ein Problem, mit dem die Menschen in allen Gruppen zu
kämpfen haben. Die Angst, übersehen zu werden, nicht genug zu bekommen, betrogen oder beraubt zu werden, flackert immer wieder auf. Um uns
sicher zu fühlen, streben wir nach Macht und Überlegenheit. Mühsam
müssen wir lernen, unsere unsozialen Wünsche zu bändigen. Für viele
Kinder ist das eine schwere Aufgabe. Da ihr Grundgefühl die Schutzbedürftigkeit ist, versuchen sie immer wieder, sich Sicherheit zu verschaffen,
indem sie dominieren, einen Sündenbock suchen oder andere schlechtma-
chen. Auf die Dauer ist es für die Kinder am besten, wenn sie ihre Gefühle
und Verhaltensmuster erkennen und aus freien Stücken Korrekturen vor-
nehmen.*

Mach es dir auf deinem Platz bequem und schließ die Augen. Atme ein
Mal langsam aus.

Stell dir vor, du bist ein Riese im Land der Riesen.

Wie ist das für dich, ein Riese unter Riesen zu sein?

Wie kommt ihr miteinander aus?

Wie viel Harmonie gibt es unter euch Riesen?

Was tut ihr, wenn ihr unterschiedlicher Meinung seid?

Riese unter Zwergen

Auf den ersten Blick scheint es, dass der Riese unter Zwergen ein Privileg genießt. Bei genauerem Hinsehen zeigt es sich in der Regel, dass dies keine schöne Position ist. Fundamentale Unterschiede bedrohen den Zusammenhalt jeder sozialen Gruppe und führen ins Chaos. Dabei bleibt es ein Geheimnis, wo die Grenze zwischen produktiven und zerstörerischen Unterschieden verläuft. In der Wahl ihrer Freunde beantworten die Kinder diese Frage oft mit erstaunlicher Sicherheit.

Mach es dir auf deinem Platz bequem und schließ die Augen. Atme ein Mal langsam aus.
Und nun sei ein Riese im Land der Zwerge.
Wie gefällt es dir, ein Riese im Zwergenland zu sein?
Welche Vorteile hast du?
Welche Nachteile musst du jetzt in Kauf nehmen?
Kannst du dir vorstellen, wie sich die Zwerge fühlen, wenn sie dich sehen?

Zwerg unter Zwergen

Man könnte meinen, dass dies eine demokratische Konstellation ist. Die Unterschiede zwischen den einzelnen Menschen sind gering und folglich sollte auch der Zusammenhalt untereinander gut sein. Es ist jedes Mal interessant, von den Kindern zu hören, wie sie diese Konstellation empfinden. Ihr Entwicklungsstadium legt es ja nahe, dass sie sich mit dieser Situation identifizieren können.

Mach es dir auf deinem Platz bequem und schließ die Augen. Atme ein Mal langsam aus.
Nun sei bitte ein Zwerg im Zwergenland.
Wie gefällt dir das?
Was tust du?
Was machen die anderen Zwerge?
Wie regelt ihr Meinungsverschiedenheiten und Streit?
Wärst du gern größer als die anderen?
Wie würdest du dich dann fühlen?

Zwerg unter Riesen

Dies ist die Situation des Kindes in der Welt der Erwachsenen. Allzu leicht vergessen wir unsere leidvollen Erfahrungen während dieser Zeit der relativen Machtlosigkeit, der Ängste und Enttäuschungen. Für die Kinder kann es erfreulich sein, über diese Schwierigkeiten zu sprechen.

Mach es dir auf deinem Platz bequem und schließ die Augen. Atme ein Mal langsam aus.
Und nun sei ein Zwerg im Land der Riesen.
Wie fühlst du dich?
Was tust du, um mit den Riesen auszukommen?
Wovor hast du am meisten Angst?
Was kannst du tun, um die Riesen bei Laune zu halten?

Einen Berg besteigen

Hier verwenden wir eine dynamische Metapher, die uns hilft, eine Entwicklung zu vollziehen. Bergbesteigungen sind von Zeit zu Zeit fällig. Für die Kinder kann das der Eintritt in den Kindergarten sein oder der erste Schultag. Es kann eine Schwimmprüfung sein oder der Kampf mit einer schweren Krankheit. Entscheidend ist, dass die Kinder davon überzeugt sind, dass sie – mit etwas Glück und Unterstützung – auch schwierige Aufgaben meistern können. Wenn jemand scheitert, hat er das Recht, es noch einmal zu versuchen. Es ist die Aufgabe der Erwachsenen, in den Kindern diesen Optimismus zu wecken und sie vor dem gefährlichen Gefühl der Hilflosigkeit zu bewahren. Mit dieser Phantasiereise können die Kinder ihre mentalen Muskeln trainieren.

Mach es dir auf deinem Platz bequem und schließ die Augen. Atme ein Mal langsam aus.
Stell dir vor, dass du am Fuß eines Berges stehst.
Wie hoch ist dieser Berg?
Und nun beginne damit, auf den Berg zu steigen.
Wie gefällt dir der Aufstieg?
Gibt es unterwegs irgendwelche Hindernisse?
Wie überwindest du sie?
Möchtest du irgendwo Rast machen?
Nun stell dir vor, dass du auf der Spitze des Berges angekommen bist.

Wie gefällt es dir dort oben? (Pause)
Nun sei wieder am Fuß des Berges, an deinem Ausgangspunkt.

Ich bin die Sonne

Die Sonne ist eines unserer wichtigsten und ältesten Symbole. Sie repräsentiert viele Qualitäten, Licht, Liebe und Leben. Wer naturwissenschaftlich interessiert ist, der weiß, dass die Sonne auch eine gefährliche Seite hat. Ihre harte Strahlung ist schädlich und in vielen Gegenden der Welt bringt sie Dürre und Hunger. Man kann also sagen, dass die Sonne ein idealer Projektionsschirm ist für unsere Ängste und Hoffnungen.
Bitte achten Sie darauf, dass die Kinder diese Imagination relativ rasch durchlaufen. Das hilft ihnen, aus der kosmischen Höhe wieder sicher auf die Erde zu gelangen. Dieser Hinweis gilt für alle folgenden planetarischen Imaginationen.

Mach es dir auf deinem Platz bequem und schließ die Augen. Atme ein Mal langsam aus.
Stell dir vor, dass du die Sonne bist.
Möchtest du die Morgensonne sein… die Mittagssonne… oder die Abendsonne?
Wie gefällt es dir, die Sonne zu sein?
Was gefällt dir daran? Was gefällt dir nicht daran?

Ich bin der Mond

Viele Kinder und Erwachsene haben zum Mond eine sentimentale Beziehung. Der Mond begleitet unsere nächtlichen Träume und ist ein Meister des Zwielichts. Und manche Kinder wissen auch schon, dass der Mond für Ebbe und Flut sorgt.

Mach es dir auf deinem Platz bequem und schließ die Augen. Atme ein Mal langsam aus.
Stell dir vor, dass du der Mond bist.
Möchtest du der Vollmond sein und der Erde dein ganzes Gesicht zeigen?
Möchtest du eine schmale Mondsichel sein?
Wie gefällt es dir, der Mond zu sein und in der Nacht zu leuchten?
Bist du lieber die Sonne oder lieber der Mond?

Gespräch der Planeten

Wenn wir den Wunsch haben, zwei Personen, zwei Prinzipien oder zwei Qualitäten besser zu verstehen, dann können wir auf die bewährte Technik des Dialogs aus der Gestalttherapie zurückgreifen. In der Phantasie lassen wir beide Seiten ein imaginäres Gespräch führen. Durch diesen Prozess entwickeln wir oft ein tieferes Verständnis für jede der beiden Seiten, aber auch eine bessere Einsicht in ihr Zusammenwirken.

Mach es dir auf deinem Platz bequem und schließ die Augen. Atme ein Mal langsam aus.
Stell dir vor, dass Sonne und Mond miteinander sprechen.
Wenn du willst, kann jetzt die Sonne etwas zum Mond sagen.
Und nun lass den Mond etwas zur Sonne sagen.
Was sagt jeder von ihnen?
Glaubst du, dass die beiden sich mögen?

Der Stern

Für die Kinder ist es wichtig, dass sie ihre Aufmerksamkeit auf verschiedene Dimensionen der Wirklichkeit richten. In ihrem Alltag spielt das Leben auf der Erde vermutlich die wichtigste Rolle. Aber von Zeit zu Zeit ist es gut, wenn sich das Bewusstsein der Kinder über die Erde erhebt. Auf diese Weise bekommen die Kinder eine neue Perspektive: für langfristige Ziele, für eine Relativierung der täglichen Konflikte und für spirituelle Themen, wie z. B. für die Frage nach dem Sinn unseres Lebens. – Die Sterne erinnern uns daran, dass es mehr gibt, als unsere Alltagsthemen.

Mach es dir auf deinem Platz bequem und schließ die Augen. Atme ein Mal langsam aus.
Schaust du nachts manchmal nach oben in den Himmel, um die funkelnden Sternen zu betrachten?
Stell dir vor, dass du selbst so ein Stern bist.
Wie wäre das für dich, ein Stern zu sein?
Wenn du willst, kannst du auch das Sternbild sein, das zur Zeit deiner Geburt am Himmel stand.
Bist du im Sternbild der Waage geboren oder im Sternbild der Zwillinge?
Sei dieses Sternbild zur Zeit deiner Geburt und wünsche dem neugeborenen Kind Glück und Segen.

Planet Erde

Für Kinder und Erwachsene ist es schwer, so etwas wie ein planetarisches Bewusstsein zu entwickeln, das die ganze Erde umspannt und bereit ist, sich globalen Themen zuzuwenden. Unser Gehirn beschäftigt sich eher mit Themen, die uns naheliegen. Es ist wichtig, dass Kinder üben, ökologisch zu denken. Diese Imagination leistet einen kleinen Beitrag dazu.

Mach es dir auf deinem Platz bequem und schließ die Augen. Atme ein Mal langsam aus.
Fotos aus dem Weltraum zeigen uns, dass die Erde weiß und blau schimmert. Man kann die Kontinente und die Ozeane gut erkennen.
Wenn wir aus so weitem Abstand auf die Erde schauen, dann verändern sich manchmal unsere Gedanken und unsere Gefühle.
Stell dir vor, dass du der Planet Erde bist.
Wie gefällt es dir, wenn du der Planet Erde bist, mit den fünf Kontinenten, mit all den Ozeanen und Flüssen?
Was denkst du über all die Menschen, die auf dir leben?
Kannst du sie verstehen?

Sonne und Mond in mir

Kinder sollten lernen, ihren eigenen Körper mit Respekt zu sehen. Diese Imagination löst zunächst Staunen aus und führt zu einer ganz neuen Betrachtung des eigenen Körpers.

Mach es dir auf deinem Platz bequem und schließ die Augen. Atme ein Mal langsam aus.
Stell dir vor, dass es in deinem Körper eine kleine Sonne gibt.
Finde heraus, an welcher Stelle diese Sonne ist.
Atme ein Mal tief aus.
Und nun stell dir vor, dass in deinem Körper auch ein kleiner Mond ist.
Finde heraus, an welcher Stelle dieser Mond ist.
Atme ein Mal tief aus.
Finde heraus, an welcher Stelle deines Körpers ein kleiner Stern leuchtet.

Die vier Elemente

Auch diese Übung fördert eine Haltung der Achtsamkeit gegenüber dem eigenen Körper. Die Kinder werden veranlasst, sich in Ruhe auf ihren Körper zu konzentrieren. Das verändert die Haltung zum eigenen Körper. Auf der einen Seite entsteht mehr Distanz, auf der anderen Seite mehr emotionale Nähe.

Mach es dir auf deinem Platz bequem und schließ die Augen. Atme ein Mal langsam aus.

Erinnere dich daran, dass es vier Elemente gibt: Wasser, Luft, Feuer, Erde.

Und nun suche die vier Elemente in deinem Körper.

Wo in deinem Körper kannst du Wasser spüren?

Wo in deinem Körper kannst du Luft spüren?

Wo in deinem Körper kannst du Feuer spüren?

Wo in deinem Körper kannst du Erde spüren?

Und nun sag irgendetwas Freundliches zu deinem Körper.

Wofür möchtest du ihm danken?

Möchtest du dich für irgendetwas bei deinem Körper entschuldigen?

DAS SCHÜCHTERNE KIND

Manche Kinder sorgen dafür, dass zwischen ihnen und der Welt immer ein gewisser Abstand ist. Wir wissen nicht genau, was diese Kinder dazu veranlasst, sich zurückzuhalten. Ihre Scheu führt dazu, dass sie häufig übersehen werden, weil unsere Aufmerksamkeit sich automatisch auf die Kinder richtet, die laut sind und sich in den Vordergrund spielen.

Es ist wichtig, dass wir den schüchternen Kindern helfen, aus ihrer Deckung herauszukommen, aber wir müssen dabei taktvoll sein und ihre Empfindlichkeit respektieren. Imaginationen und Phantasiereisen bieten hierfür eine gute Möglichkeit, denn das Kind wird sich dabei nur so weit öffnen, wie es seinem Sicherheitsbedürfnis entspricht.

Von den folgenden Imaginationen profitieren nicht nur die schüchternen Kinder. Die meisten Kinder werden irgendwann verletzt oder enttäuscht, fühlen sich im Stich gelassen oder durch allzu hohe Erwartungen belastet.

Der Igel

Der Igel ist eine schöne Tiermetapher für unser Bestreben, Abstand zu halten, bei Bedrohungen in Deckung zu gehen und uns zu verteidigen.

Heranwachsende Kinder, die ein belastbares, liebevolles Verhältnis zu ihren Eltern entwickeln konnten, halten die Welt nicht für gefährlich. Auf Unbekanntes reagieren sie eher mit Neugier als mit Panik. Ihre Ausflüge in unbekanntes Terrain sind ausgedehnter und ihre Kontaktfreude ist größer, als es bei den unsicheren Kindern der Fall ist. Zum Glück ist das menschliche Gehirn plastisch, plastisch genug, um auch später noch ein gewisses Grundvertrauen zu entwickeln. Eine Veränderung im Sicherheitsgefühl kann jedoch nur dann stattfinden, wenn das Kind neue, positive Erfahrungen macht.

Mach es dir auf deinem Platz bequem und schließ die Augen. Atme ein Mal langsam aus.

Stell dir vor, dass du ein junger Igel bist.

Plötzlich hörst du etwas, das dich erschreckt.

Wer ist in deiner Nähe aufgetaucht, der dir solche Angst einjagt?

Was tust du, um dich zu schützen?

Wie kannst du herausfinden, ob die Gefahr vorbei ist?

Was tust du, wenn du dich wieder sicher fühlst?

Die Schnecke

Das Schneckenhaus ist eine den Kindern vertraute Schutzmetapher. Die meisten Kinder können sich gut mit der Schnecke identifizieren, die sich schnell zurückzieht, wenn sie sich bedroht fühlt.

Für jüngere Kinder ist es wichtig, dass sie Vertrauen entwickeln können. Sie müssen sich darauf verlassen können, dass sie im Zweifelsfall Unterstützung finden. Darum ist es sinnvoll, wenn sie in einer Gruppe nicht zu häufig mit Angst auslösenden Situationen konfrontiert sind.

Mach es dir auf deinem Platz bequem und schließ die Augen. Atme ein Mal langsam aus.

Sei eine Schnecke im Garten, die sich in ihrem Schneckenhaus versteckt hat.

Bemerke irgendetwas, das dich neugierig macht und aus deinem Schneckenhaus hervorlockt.

Was kann das sein?

Wie fühlst du dich, wenn du aus deinem Haus herausgekommen bist?

Die Blume

Manche Kinder sind empfindlich wie eine zarte Blume. Sie müssen lernen, mit dieser Empfindsamkeit zu leben. Oft ist damit ein besonderes Talent zu Empathie und Hilfsbereitschaft verbunden.

In jeder Gruppe ist es wichtig, dass die Mitglieder Toleranz für robuste wie für sensitive Charaktere entwickeln.

Mach es dir auf deinem Platz bequem und schließ die Augen. Atme ein Mal langsam aus.

Sei eine kleine, wunderschöne Blume, die unter einem Busch verborgen blüht.

Wie fühlt sich die kleine Blume dort?

Gibt es irgendetwas, was diese kleine Blume fürchtet?

Hat diese kleine Blume auch Freunde?
Stell dir vor, dass eine freundliche Elfe die kleine Blume besucht.
Was sprechen sie miteinander?

Der Schnellzug

Hier beschäftigen wir uns mit einem häufig auftretenden Gefühl der Kindheit. Wir spüren unser Potenzial, unseren Wunsch nach Entwicklung, unsere Neugier und Abenteuerlust, aber irgendetwas lähmt uns. Oft wissen wir nicht, was uns bremst. Diese Stimmung wird in der folgenden Imagination aufgegriffen.

Mach es dir auf deinem Platz bequem und schließ die Augen. Atme ein Mal langsam aus.
Stell dir vor, dass du ein Schnellzug bist.
Jetzt stehst du in einer großen Halle, vor Wind und Wetter geschützt.
Deine Räder stehen still.
Was hat zu diesem Stillstand geführt?
Wie fühlst du dich, wenn du dich nicht bewegen darfst?
Was muss geschehen, damit du wieder auf das große Schienennetz zurückkehren kannst?

Die Geige

Auch Kinder kennen schon Einsamkeitsgefühle und leiden darunter. Wir alle brauchen lebendige soziale Kontakte, damit unsere Lebenskraft angeregt wird. Das gilt auch für Kinder. Verantwortliche Gruppenleiter werden sich darum immer wieder fragen, wie sie die Vitalität ihrer Gruppe und der Kinder positiv beeinflussen können. Wenn unsere Vitalität auf Dauer beeinträchtigt wird, dann droht das Abgleiten in eine Depression. Leider sind davon auch Kinder bedroht. Diese Imagination gibt Gelegenheit, Warnzeichen zu bemerken.

Mach es dir auf deinem Platz bequem und schließ die Augen. Atme ein Mal langsam aus.
Stell dir eine Geige vor, auf der niemand spielt.
Die Geige ist vollständig stumm; sie macht keine Musik mehr.
Wie fühlt sich die stumme Geige?

Was müsste geschehen, damit die Stimme der Geige wieder zu hören ist?
Von wem möchte die Geige wieder in die Hand genommen werden?

Das Geschenk

Die meisten Menschen haben das Bedürfnis, für andere Menschen wichtig zu sein. Jeder von uns hat den Wunsch zu geben. Wenn dieses Bedürfnis unerfüllt bleibt, leidet das Lebensgefühl und wir fühlen uns einsam. In dieser Imagination konzentrieren wir uns auf das menschliche Bedürfnis zu geben, das wir alle mit auf den Lebensweg bekommen haben.

Mach es dir auf deinem Platz bequem und schließ die Augen. Atme ein Mal langsam aus.
Stell dir vor, dass du ein Geschenk bist, das nicht geöffnet wird.
Sei sorgfältig und schön eingewickelt, vielleicht sogar mit bunten Bändern verziert. Aber das Geschenk bleibt in der Verpackung, es wird nicht ausgepackt.
Wie fühlt sich dieses nicht geöffnete Geschenk?
Für wen bist du bestimmt?
Wer sollte sich an dir freuen?

Das leere Haus

Ein leer stehendes Haus ist dem schleichenden Verfall preisgegeben. Nur die Bewohner haben ein Interesse, dass ein Haus gepflegt und immer wieder neu instand gesetzt wird. Aber der Gedanke ist tröstlich, dass dieser Zustand geändert werden kann.
Die Fähigkeit, Hoffnung und Optimismus zu empfinden, ist wichtig für Kinder und Jugendliche. Sie erleben immer wieder schwierige Zeiten und Entbehrungen. Dann hilft ihnen der Glaube daran, dass auch die dunklen Wolken sich verziehen werden.

Mach es dir auf deinem Platz bequem und schließ die Augen. Atme ein Mal langsam aus.
Stell dir vor, du bist ein altes, leeres Haus, in dem niemand mehr wohnt.
Wie fühlt sich das Haus?
Lass jemanden kommen, der in dem Haus wohnen möchte.
Beobachte, wie das Haus von Grund auf instand gesetzt und erneuert wird.

Beobachte auch, wie der Garten in Ordnung gebracht wird.
Sieh, wie neue Möbel und schöne Lampen das Haus wohnlich machen.
Kannst du dir vorstellen, wie sich das alte Haus nun fühlt?
Kannst du erkennen, wer in das Haus einzieht?

Der Reißverschluss

Unsere Gefühle zeigen sich in unserem Körper. Häufig bemerken wir das allerdings nicht, weil unsere Kultur dem Körper gegenüber nicht sehr aufgeschlossen ist. Wenn wir uns vor anderen Menschen verschließen, dann können wir das im Körper genauso spüren, wie wenn wir uns für andere öffnen. Für Kinder und Jugendliche ist das ein wichtiges Thema: Wem kann ich vertrauen? Wem kann ich zeigen, wer ich bin und was in mir vorgeht?

Mach es dir auf deinem Platz bequem und schließ die Augen. Atme ein Mal langsam aus.
Stell dir vor, dass es in der Mitte deiner Brust einen Reißverschluss gibt, der bis zum Bauchnabel reicht.
Stell dir vor, dass du ganz langsam, Zentimeter für Zentimeter, den Reißverschluss öffnest. Spürst du, was du dann in deinem Körper empfindest?
Nun mach den Reißverschluss wieder zu.
Spüre, was du in deinem Körper empfindest, wenn der Reißverschluss wieder geschlossen ist.
Wer dürfte in deiner Nähe sein, wenn du den Reißverschluss in deiner Brust eine Handbreit öffnest?
Wer dürfte in deiner Nähe sein, wenn du den Reißverschluss in deiner Brust von oben bis unten öffnen würdest?
Wie weit ist der Reißverschluss in deiner Brust in diesem Augenblick geöffnet?

Der Schmetterling

Die verpuppte Raupe ist ein Symbol der Hoffnung. Sie weist uns darauf hin, dass vieles nicht so ist, wie es scheint, und dass wir oft auf eine Metamorphose hoffen dürfen. Wenn wir geduldig warten, verlassen wir unsere Hülle und kommen ans Licht. Ein anderer Lebensabschnitt beginnt.
Hoffnung ist für Kinder wichtig. Damit sie den Belastungen des Lebens

standhalten können, brauchen Kinder Vorbilder, die eine solche Metamorphose durchlebt haben. Das erklärt die Faszination, die von alten Menschen ausgehen kann, von Großmüttern und Großvätern, von Schamanen und Schauspielern. Sie haben sich gewandelt und sind im Strom des Lebens mitgeschwommen.

Mach es dir auf deinem Platz bequem und schließ die Augen. Atme ein Mal langsam aus.
Stell dir vor, dass du eine Raupe bist, die sich verpuppt hat…
Der Frühling ist gekommen. Du hast dich in einen Schmetterling verwandelt und verlässt deine Schutzhülle.
Wie fühlt es sich an, wenn du zum ersten Mal deine Flügel aufklappst und zu deinem ersten Flug startest?
Möchtest du dir dafür einen Tag wählen, der ganz windstill ist?
Wäre es dir auch recht, dass dich der Wind trägt?
Wie fühlst du dich als Schmetterling?

Eine Blume malen

In diesem Fall ersetzen wir die Imagination durch das Malen eines Bildes. Natürlich kommt auch dabei die Phantasie ins Spiel. Das Malen soll dem Kind Mut machen und ihm die Hoffnung geben: «Ich kann es schaffen.» Herausforderung und Ressourcen werden ebenso betrachtet wie wichtige Ziele und gelöste Probleme. Wenn dieses Bild gemalt ist, dann weiß das Kind, dass es kompetent und liebenswert ist.

Mach es dir auf deinem Platz bequem und schließ die Augen. Atme ein Mal langsam aus. Dann öffne die Augen wieder.
Heute sollst du ein Bild malen, und zwar so: Male zuerst einen großen Kreis in einer Farbe aus, die dir gut gefällt. Dieser Kreis stellt dich selbst dar. Male dann um den ganzen Kreis herum verschiedene Blütenblätter: Die Blütenblätter am oberen Rand des Kreises sollen für Dinge oder Personen stehen, die du magst oder die du interessant findest. Gib diesen Blütenblättern passende Farben.
Die Blütenblätter am rechten Rand sind für die wichtigsten Wünsche gedacht, die du hast. Male diese Blütenblätter auch passend an.
Die Blütenblätter ganz unten sind für die Dinge oder Personen gedacht, die dich stören, über die du manchmal wütend bist. Gib auch diesen Blütenblättern eine passende Farbe.

Geh nun noch zu den Blütenblättern auf der linken Seite. Sie sind für Menschen oder Ereignisse gedacht, die in der Vergangenheit schwierig für dich waren. Gib auch diesen Blütenblättern eine passende Farbe.

Die ganze Blume zeigt nun die hellen und die dunklen Seiten, die schönen und die problematischen deines Lebens. Zum Glück kannst du auch von den dunklen Seiten lernen und immer, wenn du etwas Neues lernst, wirst du stärker, klüger und interessanter für deine Freunde.

Der Eremit

Für schüchterne Kinder ist es erleichternd zu hören, dass Einsamkeit auch etwas Wertvolles sein kann. Besonders frei gewählte Einsamkeit kann den Menschen weiser machen, großzügiger und hilfsbereiter. Wenn wir uns von Zeit zu Zeit in die Einsamkeit zurückziehen, dann können wir uns regenerieren. Wir können herausfinden, was wir wollen und uns auf wichtige Ziele konzentrieren.

Mach es dir auf deinem Platz bequem und schließ die Augen. Atme ein Mal langsam aus.

Stell dir vor, dass du ein Einsiedler bist, der in einer Höhle lebt und dort meditiert. Du möchtest von nichts in der Welt abgelenkt werden.

Wenn du genug gelernt hast, kannst du aus deiner Höhle herauskommen. Stell dir vor, dass du dann ein Licht in der Hand trägst.

Was siehst du, wenn du zurück in die Welt kommst?

Was weißt du Neues?

Was fühlst du jetzt?

Was hast du in der Zeit als Einsiedler gelernt?

Spielzeugauto

Hier kommt das Thema der Abhängigkeit ins Spiel. Kinder sind von der Liebe und der Großzügigkeit der Erwachsenen abhängig. Aber auch die Erwachsenen sind nicht völlig unabhängig. Sie verdanken vieles ihren Vorfahren und Mentoren, Lehrern und Vorgesetzten. In fast allen Beziehungen gibt es einen Austausch, für den die Beteiligten dankbar sein können. Diese Zusammenhänge können den Kindern erklärt und in passenden Ritualen erlebbar gemacht werden.

Das Spielzeugauto ist eine ganz leichte Metapher, die auf diese wichtigen Zusammenhänge anspielt.

Mach es dir auf deinem Platz bequem und schließ die Augen. Atme ein Mal langsam aus.

Stell dir vor, dass du ein Spielzeugauto bist, das man mit einem Schlüssel aufziehen muss, damit es fahren kann.

Sieh dieses Spielzeugauto vor dir.

Siehst du auch, in welchem Zustand das Spielzeugauto ist?

Wie fühlt es sich für dich an, dieses Auto zu sein?

Und wer kümmert sich um dich und zieht deine Feder auf, damit du dich bewegen kannst?

Der Schatz

In dieser Imagination führen wir die Kinder in einen geschützten Garten. Wir erinnern sie daran, dass der Garten liebevolle Pflege braucht. Zum Schluss schicken wir die Kinder auf Schatzsuche. In der Erde des Gartens ist nicht nur ein Schatz verborgen, sondern mehrere. Mit der Schatzmetapher spielen wir auf das Potenzial, auf die Charakterstärken, auf alles Liebenswerte und Kreative an, was im Innern jedes Kindes schlummert. Damit wollen wir vor allem schüchterne Kinder optimistisch stimmen und ihnen Mut machen, die guten Dinge in ihrem Leben zu suchen und zu finden.

Mach es dir auf deinem Platz bequem und schließ die Augen. Atme ein Mal langsam aus.

Stell dir vor, du bist in einem Garten, der von einer kleinen Mauer umgeben ist. Schau dich in dem Garten um und entdecke, welche Pflanzen hier wachsen.

Wird der Garten gut gepflegt?

Wer kümmert sich darum, dass die Pflanzen genug Wasser bekommen, genug Licht und Dünger?

In dem Garten sind einige Schätze für dich verborgen.

Was tust du, um diese Schätze zu finden? (Pause)

Über welchen Schatz freust du dich am meisten?

Kannst du in diesem Garten mit seinen Schätzen etwas über dich selbst lernen?

Die Mauer

Hier geht es um die Hindernisse, denen jedes Kind und jeder Erwachsene von Zeit zu Zeit begegnet. Es ist gut, wenn die Kinder früh anfangen, eine «Hindernis-Intelligenz» zu entwickeln. Dafür benötigen sie zunächst Frustrationstoleranz, weil Hindernisse einen kleinen Schock auslösen können. An zweiter Stelle geht es darum, dass das Kind den Glauben daran hat, das Hindernis auf irgendeine Weise zu überwinden. Die Blockade ist also nicht unendlich, sondern sie geht vorüber. Wenn wir entschlossen genug sind, genügend Beobachtungsgabe und Durchhaltevermögen haben, dann können wir mit den meisten Hindernissen fertig werden.
Hier können die Kinder verschiedene Strategien unter die Lupe nehmen, wie sie vorgehen wollen.

Mach es dir auf deinem Platz bequem und schließ die Augen. Atme ein Mal langsam aus.
Stell dir vor, dass du vor einer Mauer stehst.
Auf der anderen Seite der Mauer ist alles Spielzeug, sind alle Spiele, die du gern hast.
Was tust du, um an die Spielsachen zu kommen?
Willst du über die Mauer klettern?
Willst du um die Mauer herumgehen?
Oder willst du lieber anfangen, die Mauer einzureißen?
Warum entscheidest du dich so?
Gibt es noch andere Möglichkeiten für dich?

SELBSTACHTUNG

Selbstachtung bedeutet vor allem, die eigene Person zu akzeptieren. Und dazu gehört Folgendes:

• Ich bin mir meiner Gedanken, Gefühle und Handlungen bewusst.
• Ich verstehe, wieweit meine Gedanken, Gefühle und Handlungen mir helfen, meine Ziele zu erreichen.
• Mir ist bewusst, dass ich meine negativen Gedanken und Gefühle nicht unterdrücken oder ignorieren kann.
• Achtsamkeit kann mir helfen, negative Gedanken aufzulösen.

Selbstachtung bedeutet also mehr, als sich selbst gut zu finden. Wenn ich mich selbst achte, beurteile ich mich jedoch selbst weniger oft und lasse mich neugierig auf das Leben ein.

Eine solche Haltung lernen Kinder am besten, wenn sie entsprechende Vorbilder haben und viel ausprobieren dürfen.

Die folgenden Imaginationen können den Kindern helfen, stolz auf sich zu sein und sich wertvoll zu fühlen, ohne arrogant zu werden.

Hilfsbereit

Aus der psychologischen Forschung wissen wir, dass es uns selbst in eine gute Stimmung versetzt, wenn wir anderen beistehen. Wenn wir etwas Selbstloses tun, erleben wir manchmal hinterher etwas, was im Umkreis der helfenden Berufe «Helper's High» genannt wird. Während der preußische Philosoph Kant von uns verlangte, das Gute um des Guten willen zu tun, versichert uns die Positive Psychologie heute: Tu Gutes und du wirst glücklich sein. Diese Erkenntnis ist der Hintergrund für die folgende Imagination.

Mach es dir auf deinem Platz bequem und schließ die Augen. Atme ein Mal langsam aus.

Denk an eine Situation, in der du jemandem bei etwas geholfen hast, was der Betreffende nicht allein bewältigen konnte.

Was hast du für diesen Menschen getan?

Wie hast du es geschafft, ein guter Helfer zu sein?
Wie hast du dich danach gefühlt?
Wie mag sich die andere Person wohl gefühlt haben?
Hat sie dir in irgendeiner Weise gedankt?
Glaubst du, dass deine Freunde von dir denken, du seist hilfsbereit?

Das Puzzle

Selbstachtung ist in hohem Maße an das Vermögen geknüpft, geduldig abwarten zu können. Viele Probleme lassen sich nur lösen, wenn wir uns Zeit nehmen. Wer glaubt, dass er alles im Handumdrehen schafft, der wird viele Misserfolge erleben und wenig Selbstachtung entwickeln.

Darüber hinaus ist Selbstachtung auch mit der Überzeugung verbunden, dass ich am Ende mein Ziel erreiche und Erfolg habe. Ich benötige also auch einen gewissen Optimismus und den Glauben an meine eigene Kompetenz. Sehr schön drückt sich diese Haltung in dem Wahlslogan des amerikanischen Präsidenten Obama aus: «Yes we can!»

Eltern und Lehrer haben die wichtige Aufgabe, diese Überzeugung in den Kindern zu verankern und sie immer neu auf ihre innere Stimme hinzuweisen, die jeden von uns unterstützt.

Mach es dir auf deinem Platz bequem und schließ die Augen. Atme ein Mal langsam aus.

Stell dir vor, dass du versuchst, ein großes Puzzle zusammenzufügen. Das Puzzle hat so viele Teile, dass du denkst: Das schaffe ich nie. Bemerke, was passiert: Immer wenn du aufgeben willst, hörst du eine leise Stimme in deinem Inneren, die flüstert: «Mach weiter!».

Und so wird das Puzzle fertig.

Jetzt bist du stolz.

Woran merkst du, dass du stolz bist?

Wann fühlst du dich sonst noch stolz?

Das neue Kind

Freundliche und altruistische Kinder werden von anderen eher gemocht als berechnende und egoistische. Sie finden leichter Freunde und werden von anderen bereitwilliger unterstützt.

Wenn der Lehrer das soziale Klima in seiner Klasse verbessern will, wird

er alles tun, um freundliches Verhalten, Verständnis füreinander und rück-
sichtsvollen Umgang zu fördern.

Mach es dir auf deinem Platz bequem und schließ die Augen. Atme ein
Mal langsam aus.
Ein neues Kind kommt in deine Klasse.
Das Kind ist ganz und gar unsicher. Niemand hilft ihm.
Das Kind tut dir leid. Darum gehst du zu ihm und bietest ihm den Platz
neben dir an oder sagst etwas Nettes zu ihm.
Jetzt kannst du sehen, wie sehr sich das andere Kind freut. Und du spürst
ganz deutlich, wie glücklich dich das selbst macht.
Fallen dir andere Momente ein, wo du geholfen hast und dich anschlie-
ßend so gut fühlen konntest?
Wie erklärst du dir diese Glücksgefühle?

Das Fahrrad

*Selbstachtung und Erfolg hängen eng mit Hartnäckigkeit und Durchhalte-
vermögen zusammen. Ehe wir eine gewisse Meisterschaft auf irgendeinem
Gebiet erringen können, müssen wir ausgiebig üben. Unser Gehirn
braucht für viele Dinge ein langes Training, damit wir schwierige Tätig-
keiten quasi automatisch ausführen können. Erst dann erleben wir bei der
Arbeit oder bei unserem Hobby jenes beglückende Gefühl, für das der
ungarische Psychologieprofessor Mihalyi Csikszentmihalyi den schönen
Namen «Flow» gefunden hat.*
*Bei kleinen Kindern können wir oft beobachten, wie sie sich selbst ein
Übungsprogramm verordnen, ohne dass irgendein Erwachsener unterstüt-
zend eingreifen müsste. Leider geht diese wertvolle Haltung im Laufe der
Schulzeit bei vielen Kindern verloren.*

Mach es dir auf deinem Platz bequem und schließ die Augen. Atme ein
Mal langsam aus.
Stell dir vor, dass du lernen willst, Fahrrad zu fahren, allein und ohne
Stützräder. Spüre, wie schwer das ist.
Stell dir vor, dass du es trotzdem versuchst. Flüstere dir zu: «Versuch es
weiter… Du wirst so stolz sein, wenn du allein fahren kannst.»
Du übst so lange, bis du fahren kannst, ohne umzukippen.
Spüre, wie stolz du jetzt bist, weil du es ganz allein geschafft hast.
Welche Menschen sind noch stolz auf dich?

Kannst du dich mitfreuen, wenn einem deiner Freunde etwas Schwieriges gelingt?

Die Erinnerung

Unsere großen technischen Möglichkeiten führen dazu, dass wir immer wieder neue, technikgestützte Dinge lernen müssen. Und wenn wir viel Neues lernen, dann entlastet sich unser Bewusstsein durch Vergessen von Altem. Dies trifft auch auf Kinder zu. Um die Erinnerung zu wecken und um vergessene Skills zu aktualisieren, brauchen wir eine positive Grundhaltung und die Fähigkeit zur Konzentration.
Die Fähigkeit zur Konzentration ist die Voraussetzung für viele Lernprozesse. Darum müssen Kinder üben, einen Zustand der inneren Ruhe herbeizuführen. Nichts anderes ist Konzentration. Von großem Wert sind daher meditative Übungen.

Mach es dir auf deinem Platz bequem und schließ die Augen. Atme ein Mal langsam aus.
Stell dir vor, dass du nicht mehr weißt, wie man einige Sachen macht, die du früher machen konntest.
Spüre, wie dumm und unwissend du dich fühlst.
Sag dir im Stillen: «Wenn ich diese Dinge früher konnte, dann kann ich sie auch heute noch. Ich muss es nur wollen und mich darauf konzentrieren».
Plötzlich klappt es wieder, du hast es geschafft.
Du fühlst dich wie ein Held.
Welche Dinge fallen dir ein, die du wieder neu gelernt hast?

Lieblingsfarbe

Eine geschickte psychologische Haltung genügt nicht, um Selbstachtung und innere Stärke zu fördern. Wir benötigen dazu auch den Dialog mit der Natur. Wir vergessen leicht, dass wir Kinder der Natur sind und dass es uns schadet, wenn wir uns zu weit von ihr entfernen.
Der Regenbogen ist ein altes Natursymbol. Er verspricht den Menschen Glück, er baut eine Brücke zwischen Himmel und Erde. Die einzelnen Farben können wichtige Grundgefühle hervorrufen bzw. stärken. Vielen Menschen hilft das Bild des Regenbogens bei ihrer täglichen Entspannung.

Mach es dir auf deinem Platz bequem und schließ die Augen. Atme ein Mal langsam aus.

Stell dir vor, dass du am Himmel einen Regenbogen siehst.

Sei eine der Farben des Regenbogens.

Welche Farbe möchtest du sein?

An welcher Stelle des Regenbogens bist du dann?

Probiere verschiedene Stellen im Regenbogen aus und beschreibe die Gefühle, die diese Positionen in dir hervorrufen.

Sei ein Held

In ihren Tagträumen verwandeln sich Kinder und Jugendliche in Helden. Sie werden zu Filmstars, berühmten Musikern, erfolgreichen Sportlern oder selbstlosen Ärzten. Dabei eilen sie ihrer Entwicklung voraus. Sie konzentrieren sich auf eine Person, die ihnen Inspiration und Orientierung gibt.

Selbstachtung ist immer auch daran gebunden, dass wir uns in eine Kette bedeutungsvoller Vorfahren oder Zeitgenossen einreihen können. Das heißt, Selbstachtung funktioniert nicht ohne die anderen, die wir als wertvoll erleben. Wir dürfen uns über diese Heldenphantasien der Kinder und Jugendlichen nicht lustig machen. Damit würden wir sie sehr verletzen.

Mach es dir auf deinem Platz bequem und schließ die Augen. Atme ein Mal langsam aus.

Stell dir vor, dass du der Held in einem Stück bist; vielleicht in einem Film, vielleicht in einem Theaterstück, vielleicht in einem Comic oder in einem Roman.

Worum geht es in dem Stück?

Was geschieht?

Wie fühlst du dich als Held oder als Heldin?

Marathonlauf

Sportliche Leistung ist eine gute Möglichkeit, die eigene Selbstachtung zu unterstützen. In diesem Zusammenhang ist es wichtig, dass Kinder und Jugendliche ein bewusstes und aufmerksames Verhältnis zu ihrem Körper entwickeln.

In der folgenden Imagination betonen wir besonders den Aspekt des Durchhaltens. Andere Überlegungen können angeschlossen werden: Wie muss ich meinen Körper behandeln, damit ich gesund bleibe, damit ich sportlich etwas leisten kann, damit ich eine positive Ausstrahlung gewinne?

Mach es dir auf deinem Platz bequem und schließ die Augen. Atme ein Mal langsam aus.

Stell dir vor, dass du an einem Marathonlauf teilnimmst.

Nach einiger Zeit wird das Laufen sehr anstrengend für dich. Der Schweiß läuft dir von der Stirn und deine Muskeln schmerzen.

Die Menschen am Straßenrand klatschen Beifall.

Kannst du erkennen, wer gekommen ist, um dich anzufeuern?

Spüre, dass du in Versuchung bist aufzugeben. Höre eine innere Stimme, die flüstert: «Halte durch… halte durch…».

Entschließe dich, dieser Stimme zu folgen.

Sieh, wie du das Ziel erreichst und von jubelnden Menschen begrüßt wirst: «Bravo! Bravo! Bravo!»

Sobald du etwas zur Ruhe gekommen bist, bedankst du dich bei deinem Körper.

Was sagst du zu deinem Körper?

Welchen Organen bist du besonders dankbar?

Pflanzen unter dem Himmel

Wenn wir allzu ehrgeizig sind, wenn wir ständig darauf aus sind, andere zu übertreffen, dann leidet darunter unsere Selbstachtung. Wenn wir uns zu weit von den anderen entfernen, dann fühlen wir uns unweigerlich einsam, beneidet aber ungeliebt.

Für die Kinder ist es wichtig, dass sie sich selbst die Erlaubnis geben, ab und zu wie alle anderen zu sein und diese Durchschnittlichkeit sogar zu genießen. Man kann diese Haltung als Bescheidenheit oder mit dem altmodischen Begriff der Demut bezeichnen. Sie ist die Basis von Mannschaftsgeist und Teamfähigkeit.

Die folgende Imagination betont diese Haltung.

Mach es dir auf deinem Platz bequem und schließ die Augen. Atme ein Mal langsam aus.

Stell dir vor, dass du auf einem weiten Feld bist.

Viele grüne Pflanzen wachsen hier.

Jede ist anders als ihre Nachbarpflanze.

Jede leuchtet in ihrer eigenen Schattierung von Grün.

Jede Pflanze hat ihre eigene Form und ihre eigene Größe.

Und jede Pflanze hat ihren eigenen, freien Raum, damit sie wachsen kann.

Alle sind wunderschön und freuen sich, dass sie wachsen dürfen.

Stell dir vor, dass du selbst eine von diesen wunderschönen, grünen Pflanzen bist.

Höre, wie du den anderen Pflanzen zuflüsterst: «Wir sind eine große Familie.»

SELBSTSICHERHEIT

Mangelnde Selbstsicherheit ist oft der Grund dafür, dass wir anderen etwas vorspielen und unsere authentischen Gefühle und Gedanken verbergen. Wir zeigen dann das, was die anderen unserer Meinung nach gern sehen möchten. Das ist schade. Unsere Selbstsicherheit ist die Basis für unseren Erfolg im Leben. Oft ist diese Qualität bedeutungsvoller als Intelligenz und Kreativität.

Zum Glück kann Selbstsicherheit gelernt werden. Dieser Charakterzug wird uns nicht in die Wiege gelegt. Das bedeutet allerdings auch, dass wir unsere Selbstsicherheit beschädigen können. Mit welchen Verhaltensweisen riskieren wir eine solche Beschädigung?

• Wenn wir die Versprechen, die wir uns selbst gegeben haben, nicht einhalten,
• wenn wir nicht auf die leise innere Stimme hören, die uns sagt, was wir tun oder lassen sollten,
• wenn wir es uns nicht gestatten, Fehler zu machen.

Die folgenden Übungen lenken den Blick der Kinder auf ihre Stärken und Talente. Das kann zu ihrer Selbstsicherheit beitragen.

Wohlwollende Objektivität

Die meisten Menschen sind daran gewöhnt, über ihre Stärken zu sprechen bzw. um Verständnis für ihre Schwächen zu werben. Es kommt seltener vor, dass wir anderen mitteilen, was wir als Nächstes lernen möchten. Daran hat unsere Fixierung auf Zeugnisse und Prüfungen ihren Anteil. Alle diese Dokumente verzichten darauf, die Lernfähigkeit bzw. die Lernbereitschaft der Menschen zu messen.

Mach es dir auf deinem Platz bequem und schließ die Augen. Atme ein Mal langsam aus.

Stell dir vor, dass du mit jemandem zusammen bist, der dich noch nicht kennt. Höre, wie du dich selbst beschreibst, damit die andere Person weiß, mit wem sie es zu tun hat.

Was erzählst du von dir?
- Erzählst du nur von deinen guten Seiten?
- Sprichst du hauptsächlich von deinen Schwächen?
- Erzählst du auch von dem, was du neu gelernt hast bzw. was du noch lernen möchtest?

Meine Eigenarten

Jeder Mensch hat besondere Empfindlichkeiten. Wenn wir gut mit jemandem auskommen wollen, dann sollten wir wissen, was bei dem anderen besonders starke Gefühle auslöst. Wir werden also versuchen, folgende Fragen zu klären:
- *Worüber regst du dich auf?*
- *Was rührt dich zu Tränen?*
- *Was kannst du nicht ausstehen?*
- *Wonach sehnst du dich?*

Wenn wir extreme Gefühle zeigen, so kann das Außenstehenden den Eindruck vermitteln, wir wären «verrückt». Entgegen der konventionellen Auffassung ist diese Verrücktheit jedoch oft außerordentlich wertvoll.

Diese Botschaft kann für manche Kinder befreiend wirken, sofern sie den Zwang empfinden, sich ihren Altersgenossen allzu sehr anzupassen.

Mach es dir auf deinem Platz bequem und schließ die Augen. Atme ein Mal langsam aus.

Stell dir vor, dass du mit jemandem zusammen bist, der dich nur oberflächlich kennt.

Höre, wie du diesem Menschen erklärst, worauf du empfindlich reagierst. Gib ihm die Chance, deine Empfindlichkeiten und Eigenheiten zu verstehen. Sprich auch von Momenten, in denen du vielleicht ganz anders reagierst als deine Freunde:
- Was stößt dich ab?
- Was regt dich auf?
- Was zieht dich magnetisch an? (Pause)

Glaubst du, dass es Menschen gibt, die frei sind von solchen Besonderheiten und «Verrücktheiten»?

Wäre das wünschenswert?

Veränderung ist möglich

Kinder wie Erwachsene müssen immer wieder entscheiden, was sie in ihrem Leben verändern wollen, was sie nicht verändern können bzw. was sie nicht verändern wollen. Sehr häufig stehen wir unter dem Druck der Wünsche von anderen, die uns zu verstehen geben: «Verändere dich.» Daher ist es wichtig, dass die Kinder früh anfangen, sich mit dem Thema der Veränderung auseinanderzusetzen.

Selbstsicherheit bedeutet, dass wir eine Balance finden zwischen Veränderung und Stabilität und dass wir unsere eigenen Absichten mit den Wünschen der anderen verbinden.

Mach es dir auf deinem Platz bequem und schließ die Augen. Atme ein Mal langsam aus.

Sei mit jemandem zusammen, mit dem du oberflächlich bekannt bist. Erzähle dieser Person drei Dinge, die typisch für dich sind und die du nicht verändern möchtest (z. B.: Ich treibe gern Sport und spiele aktiv Fußball).

Sag diesem Menschen nun drei Dinge, die dir an ihm auffallen.

Atme ein Mal langsam aus.

Nun erzähle diesem Menschen drei Dinge, die du gern bei dir verändern möchtest und die du auch verändern kannst. (Pause)

Und nun erlebe in der Phantasie, wie du eines dieser Ziele in kleinen Schritten erreichst.

Eleganz

Selbstsicherheit ist fast immer gebunden an eine gewisse natürliche Vornehmheit, an ein gewisses Charisma, an Kraft und Würde. Viele Menschen glauben nicht, dass sie über solche Qualitäten verfügen. Das ist jedoch ein Irrtum. Jeder Mensch kann solche Qualitäten entwickeln. Die meisten von uns wissen nur nicht, wie sie diese geheimnisvolle Seite ihrer Persönlichkeit «anschalten» können. Auf diese Frage gibt unsere Übung eine Antwort.

Mach es dir auf deinem Platz bequem und schließ die Augen. Atme ein Mal langsam aus.

Triff mit einem Menschen zusammen, der dich in irgendeiner Weise beeindruckt.

Was gibt dieser Person ihre positive Ausstrahlung?

Sind es ihre Bewegungen?

Ist es der Gesichtsausdruck?

Ist es ihre Art zu sprechen?

Ist es ihre Kleidung?

Stell dir vor, dass du eine Minute lang diese Person bist mit all den Besonderheiten, die du bemerkt hast.

Wie fühlst du dich?

Was tust du?

Wachsende Kompetenz

Kinder lieben Listen, in denen sie notieren, wer ihre Freunde sind, was sie mögen und was sie hassen, was sie gelernt haben, welche Preise sie gewonnen haben usw.

Eine solche Liste gibt uns die Gewissheit, dass Veränderung möglich ist, dass wir nicht stagnieren.

Mit dieser Listentechnik arbeitet die folgende Imagination.

Mach es dir auf deinem Platz bequem und schließ die Augen. Atme ein Mal langsam aus.

Stell dir vor, dass du eine Liste machst mit all den Dingen, die du noch nicht tun konntest:

• vor einem Jahr,

• vor zwei Jahren,

• vor drei Jahren.

Ist unter all diesen Dingen irgendetwas, was nicht leicht ist, was du jetzt aber ganz mühelos tust und was dir Vergnügen bereitet?

Wie hast du das gelernt?

Etwas Schwieriges lernen

Wir brauchen eine Prise Abenteuerlust, um unsere Kompetenzen immer weiter auszudehnen. Und wir brauchen eine große Portion Neugier, um uns immer wieder neue Herausforderungen zu suchen.

Die Schule sollte alles tun, um Neugier und Abenteuerlust der Kinder anzuregen.

Wenn wir das Risiko eingehen, etwas Schwieriges zu lernen, werden wir reich belohnt: Das Fundament unserer Selbstsicherheit wird breiter.

Mach es dir auf deinem Platz bequem und schließ die Augen. Atme ein Mal langsam aus.

Lass dir etwas einfallen, was du jetzt noch nicht tun kannst, weil du es noch nicht gelernt hast, weil es noch zu schwer für dich ist.

Ist etwas dabei, was du sehr gern können möchtest? Entscheide dich für irgendetwas, was du gern können und beherrschen möchtest.

Was tust du, um diese Sache zu lernen?

Mach in der Phantasie ein paar Schritte auf dem Weg zu diesem Ziel.

Das ist leicht

Etwas mit Leichtigkeit zu beherrschen, was es vor einiger Zeit noch nicht tun konnte, ist für jedes Kind ein wichtiges Erlebnis. Vieles, was uns heute leicht fällt, war anfangs schwer und erforderte große Anstrengung von uns. Wenn es uns heute leicht gelingt, so ist das ein Beleg für unsere wachsende Kompetenz, der zu unserer Selbstsicherheit beiträgt.

Mach es dir auf deinem Platz bequem und schließ die Augen. Atme ein Mal langsam aus.

Stell dir vor, dass du irgendetwas tust, was dir heute ganz leicht fällt.

Was ist das und wie fühlst du dich dabei?

Wann war dieselbe Sache noch so schwer für dich, dass du sie nicht tun konntest?

Wie ist das Gefühl, zurückzuschauen und diese positive Entwicklung festzustellen?

Das ist schwer

Für Kinder ist es ungeheuer wichtig, dass sie sich im Laufe der Zeit eine innere Landkarte anlegen mit leichteren und schwereren Lernzielen. Sie müssen das Gefühl entwickeln, dass es Spaß macht, freiwillig neue Dinge zu lernen, und dass es dagegen wenig Spaß macht, wenn wir nur lernen, um andere damit zu beeindrucken oder um Geld damit zu verdienen. Wir brauchen Tätigkeiten, die zu uns passen und die sinnvoll sind für uns und für andere. Kinder und Jugendliche wollen aktiv werden, ihre Kräfte messen und etwas schaffen.

Mach es dir auf deinem Platz bequem und schließ die Augen. Atme ein Mal langsam aus.

Und nun stell dir vor, dass du etwas tust, was sehr schwierig ist. Vielleicht versuchst du, es zu tun, es gelingt dir aber noch nicht.

Was tust du in diesem Fall?

Wie tust du es?

Bittest du jemanden um Hilfe?

Soll jemand es dir vormachen?

Soll jemand es mit dir zusammen tun?

Wie fühlst du dich dabei?

ZIELE

Kinder lernen mit der Zeit, konsequent und folgerichtig zu handeln, um ein bestimmtes Ziel zu erreichen. Nach und nach erkennen sie, dass manche Ziele auf verschiedene Arten erreicht werden können.

Dabei müssen wir Folgendes bedenken: Die Ausrichtung auf ein Ziel ist typisch für uns Erwachsene, während Improvisation und freies Spiel typisch für die Welt des Kindes sind. Als Eltern und Lehrer sollten wir den Kindern helfen, eine Balance zwischen beidem herzustellen.

Mit zunehmendem Selbstvertrauen und mit einer immer größer werdenden Erfolgsbilanz fällt es dem Kind leichter, Ziele spielerisch ins Auge zu fassen, mit einer gewissen Elastizität. Und wenn es bemerkt, dass ein Ziel unerreichbar oder wertlos ist, kann es dieses Ziel loslassen.

Eine weitere Herausforderung ergibt sich aus der Spannung zwischen Selbstständigkeit und Unterstützung: Die Kinder haben einen natürlichen Impuls, möglichst viel selbst zu erledigen, um am Ende sagen zu können: «Das habe ich geschafft.» Aber es kommen immer wieder Situationen, in denen sie Kooperation oder Hilfestellung benötigen. Sie müssen erkennen, dass das kein Zeichen von Schwäche oder von Abhängigkeit ist. Aber es ist wichtig, dass die Kinder eine gute Wahl treffen, wenn sie jemanden zur Kooperation einladen oder um Unterstützung bitten wollen. Hier ist es am günstigsten, wenn die Kinder sich auf ihre innere Stimme verlassen, indem sie sich fragen: «Wer passt zu mir?»

Auf der Schaukel

Wir verwenden hier die in allen Kulturen bekannte Metapher der Schaukel, um das Thema des Vorankommens, der Übersicht und der Willenskraft erlebbar zu machen. Die Schaukel kommt nur dann in Schwung, wenn wir den richtigen Rhythmus finden bei der Verlagerung unseres Gewichtes nach vorn und nach hinten. Der richtige Zeitpunkt ist wichtig, rationale Überlegung kann das nicht leisten. Wir müssen uns auf unser Gefühl verlassen. Um in die Höhe zu kommen, brauchen wir Zuversicht. Wenn wir zu viel Angst empfinden, bleibt der Aufschwung gering.

Interessanterweise führt die Vorstellung des Schaukelns bereits dazu, dass das Gehirn die Muskelgruppen aktiviert, die wir auch tatsächlich beim Schaukeln benötigen. Insofern kann man sagen, dass bei dieser Imagination Risikobereitschaft und Entschlossenheit nicht nur mental sondern auch körperlich verankert werden.

Mach es dir auf deinem Platz bequem und schließ die Augen. Atme ein Mal langsam aus.

Stell dir vor, dass du auf einer Schaukel sitzt und versuchst, Schwung zu bekommen. Aber aus irgendeinem Grund kommst du nicht so richtig in die Höhe.

Was tust du?

Was fühlst du?

Was geschieht weiter?

Bittest du jemanden um Anschwung oder stößt du dich lieber selbst am Boden ab?

Sitzt du auf dem Brett und arbeitest mit den Beinen und dem Oberkörper, um dich in Schwung zu bringen, oder stellst du dich auf das Brett und gehst rhythmisch in die Hocke?

Gelingt es dir, dein Gewicht so zu verlagern, dass du wie ein Pendel immer höher schwingst?

Oder fällt dir noch irgendeine andere Methode ein?

Welche Methode gefällt dir am besten? Weißt du warum?

Das Fenster

Wir müssen die Kinder immer wieder mit frustrierenden Situationen konfrontieren. Die meisten Ziele im Leben erreichen wir nicht nebenbei, sondern durch konzentrierte Anstrengung. Die Kinder müssen lernen, dass Hindernisse dazugehören und dass der Erfolg umso besser schmeckt, je schwieriger das Erreichen des Zieles war.

Mach es dir auf deinem Platz bequem und schließ die Augen. Atme ein Mal langsam aus.

Du bist in einem Zimmer mit verbrauchter Luft. Du willst das Fenster öffnen, aber es geht nicht auf.

Was fühlst du?

Was tust du?

Wie gelingt es dir am Ende, doch für frische Luft zu sorgen?

Die Flasche öffnen

Auch hier liegt wieder ein kleines Hindernis vor. Die Frustration kann beträchtlich sein, wenn wir durstig sind und keinen Flaschenöffner haben.

Mach es dir auf deinem Platz bequem und schließ die Augen. Atme ein Mal langsam aus.

Du bist sehr durstig und willst etwas trinken.

Du hast eine verschlossene Flasche mit einem Getränk, das du magst. Die Flasche hat keinen Drehverschluss, sie ist mit einem Kronenkorken verschlossen oder mit einem Korken wie ihn Weinflaschen haben.

Vielleicht hat deine Flasche aber auch einen anderen Verschluss.

Wie fühlst du dich?

Was machst du?

Auf welche Weise schaffst du es am Ende, die Flasche zu öffnen?

Piñata

Zu den größten Frustrationen gehört es, wenn ein Ziel zum Greifen nahe ist und wenn es uns trotzdem nur schwer gelingt, diesen Abstand zu dem ersehnten Ziel zu überbrücken. In diesem Falle erleben wir gleichzeitig zwei widersprüchliche Gefühle: Ärger oder Enttäuschung, weil wir nicht wissen, ob wir das Ziel erreichen können, und auf der anderen Seite Hoffnung und Freude, weil wir das Ziel in der Phantasie bereits erreicht haben. In einer solchen Situation einen klaren Kopf zu behalten, ist nicht nur für Kinder eine schwierige Aufgabe.

Mach es dir auf deinem Platz bequem und schließ die Augen. Atme ein Mal langsam aus.

Irgendjemand hat dir ein Geschenk gemacht. Du siehst es hoch oben in einem Baum.

Wie kriegst du dein Geschenk nach unten?

Was fühlst du?

Bist du optimistisch, dass du an dein Geschenk herankommen kannst?

Fallen dir andere Situationen ein, wo deine Entschlossenheit und dein Optimismus dir geholfen haben, auf einen guten Gedanken zu kommen?

Lass dir etwas einfallen, um das Geschenk in die Hand zu bekommen.

Kannst du diese Entschlossenheit auch für andere Ziele anwenden, z.B. um gute Noten in der Schule zu erreichen?

Das Teleskop

Die Einstellung zur Zukunft wird weitgehend kulturell gelernt. Das Kind beobachtet die Erwachsenen in seiner Familie oder andere Erwachsene, die sie als Vorbilder betrachten, und registriert deren Verhältnis zur Zukunft:

- *Welche Ziele haben diese Menschen?*
- *Was tun sie, um ihre Ziele zu erreichen?*
- *Wie haben sie ihre Ziele entdeckt?*
- *Wie findet man Ziele, die langfristig gut und befriedigend sind?*
- *Was sind gute Ziele?*

Passende Lebensziele zu finden ist ähnlich kompliziert wie eine gute Partnerwahl. Es gibt eine hohe Fehlerquote. Einer der Kardinalfehler, die begangen werden, ist die Orientierung am Geld oder am Willen der Eltern. Das beste Korrektiv ist die leise innere Stimme, die bei so einem heiklen Thema immer wieder befragt werden muss.

Ein sehr schönes Symbol, das eine Veränderung der Perspektive ermöglicht und für Zielimpulse sorgen kann, bietet die folgende Imagination. Die Kinder blicken durch ein altmodisches Fernrohr, das sie räumlich und zeitlich weit nach vorn sehen lässt.

Mach es dir auf deinem Platz bequem und schließ die Augen. Atme ein Mal langsam aus.

Du bist auf dem Gipfel eines Berges, weil du die Übersicht über dein Leben gewinnen möchtest.

Auf diesem Gipfel gibt es ein besonderes Fernrohr. Wer durch das Fernrohr blickt, sieht nicht nur in die Ferne, sondern auch in die Zukunft. An dem Gerät gibt es eine kleine Plakette. Darauf steht der Satz: Wir garantieren Ihnen einen positiven Ausblick.

Bist du neugierig?

Möchtest du in deine Zukunft sehen?

Wenn du dazu bereit bist, musst du das Fernrohr vielleicht schwenken oder die Einstellung ändern. Dann kannst du dich selbst sehen – wie es dir geht, wo du bist und womit du dich beschäftigst.

Wenn du lieber nicht durch das Fernrohr schaust, dann kannst du einfach vom Gipfel des Berges herabsehen und dabei vielleicht etwas entdecken, was für dich wichtig ist.

Die Glaskugel

Schule und Elternhaus müssen dem Kind etwas geben, was nicht zu kaufen ist: Die Hoffnung auf ein erfülltes Leben. Dieses Ziel kann nur erreicht werden, wenn das Kind lernt, auf seine innere Stimme zu hören. Kein Ratgeber kann für uns jene Ziele und Wünsche definieren, die uns nachhaltig zufrieden machen können.

Das Symbol der Glaskugel soll die Kinder anregen, ihr inneres Wissen zu mobilisieren.

Mach es dir auf deinem Platz bequem und schließ die Augen. Atme ein Mal langsam aus.

Du bist auf einem Jahrmarkt.

Du kommst an einen Wohnwagen, in dem eine Wahrsagerin sitzt. Sie lädt dich ein, einen Blick in die Zukunft zu tun. Und sie bietet dir an, einen Blick in ihre magische Glaskugel zu werfen.

Du kannst dich entscheiden, was du gern sehen möchtest:
• einen wichtigen Erfolg in der Schule,
• Glück in der Liebe,
• die Erfüllung eines großen Wunsches.

Wenn du dich entschieden hast, nimmt die Wahrsagerin die Decke von der Kugel und lässt dich hineinschauen.

Atme ein Mal langsam aus und warte ab, was dir die Glaskugel zeigt.

Du formst dein Leben

Die Frage nach den Lebenszielen wird hier auf eine besondere Weise gestellt. Die Kinder können in der Phantasie einen Klumpen Lehm benutzen, um ihren Wünschen Form zu geben. Auf diese Weise entstehen Impulse, die auch den Ansprüchen der eigenen Lebenskraft und dem eigenen Temperament genügen können. Ziele, die nur dem Kopf entspringen, verbrauchen sich unter Umständen sehr schnell.

Praktisch bei dieser Übung: Wir müssen nicht mit echtem Lehm arbeiten, imaginärer Lehm reicht aus.

Mach es dir auf deinem Platz bequem und schließ die Augen. Atme ein Mal langsam aus.

Stell dir vor, dass du einen Klumpen Lehm in der Hand hast.

Knete ihn weich, damit du daraus etwas formen kannst.

Atme ein Mal langsam aus.

Forme aus dem Lehm etwas, was dem ähnelt, wie du bisher gelebt hast.

Atme wieder ein Mal langsam aus.

Nun nimm einen zweiten Klumpen Lehm, knete ihn weich und forme ihn so, dass er dem Leben ähnlich wird, das du gern führen möchtest.

Atme ein Mal langsam aus.

Nun nimm einen dritten Klumpen Lehm, knete ihn weich und gib ihm eine Form, die zeigt, wie dein nächstes Jahr aussehen soll. (Pause)

Beschreibe in Worten, was du aus jedem Lehmklumpen geformt hast.

Konzentration

Der Sport und insbesondere das Bogenschießen bietet uns hervorragende Möglichkeiten, Konzentration zu trainieren. Hier können die Kinder üben, sich voll auf ein Ziel zu konzentrieren.

Mach es dir auf deinem Platz bequem und schließ die Augen. Atme ein Mal langsam aus.

Stell dir vor, dass du auf einer großen Wiese bist.

Such dir einen großen Baum. Nimm ein Stück Kreide in die Hand und male einen großen weißen Kreis auf den Stamm. Das ist dein Ziel.

Nun geh ein paar Schritte zurück und nimm Pfeil und Bogen in die Hand.

Überlege dir irgendein Ziel, das du sehr gern erreichen möchtest.

Schreibe das Ziel mit unsichtbarer Tinte auf den Schaft des Pfeils.

Spanne den Bogen und richte die Spitze des Pfeils auf den Kreis.

Lass Kreis, Pfeilspitze und dein Auge auf einer Linie sein. Wenn alle drei sich decken, kannst du den Pfeil abschießen.

Wo landet der Pfeil?

Wenn du dich vollkommen konzentrierst, kannst du dein Ziel erreichen.

Vollständige Konzentration bedeutet auch, dass du deinen Bogenschuss anschließend nicht beurteilst.

Intuition

Kindern und Erwachsenen fehlt es häufig an gutem Instinkt bei der Auswahl ihrer Ziele. Sie haben nicht gelernt, auf die Stimme ihrer Intuition zu hören. Hier zeigen wir eine Möglichkeit, wie wir üben können, unserer inneren Stimme zu folgen.

Mach es dir auf deinem Platz bequem und schließ die Augen. Atme ein Mal langsam aus.

Manchmal kennst du dein Ziel nicht. Dann gibt es einen Trick, der dir weiterhelfen kann.

Nimm dir einen Bogen und drei Pfeile. Schieß den ersten Pfeil in irgendeine Richtung in die Luft und geh dorthin, wo der Pfeil herabgefallen ist. An dieser Stelle kannst du Hinweise auf ein Ziel finden, das möglicherweise für dich wichtig ist.

Atme ein Mal langsam aus.

Mach dasselbe mit dem zweiten Pfeil.

Atme ein Mal langsam aus.

Mach dasselbe auch mit dem dritten Pfeil.

Erzähle, was du an den Stellen gefunden hast, wo die Pfeile zu Boden gefallen sind.

Welche Hinweise hast du bekommen?

Landkarte des Glücks

Was Glück ist, wird in verschiedenen Kulturen und an verschiedenen Stellen des Globus unterschiedlich beantwortet. Eine gewisse Übereinstimmung besteht jedoch hinsichtlich des Zieles. Fast alle Menschen wollen in ihrem Leben hier auf der Erde glücklich sein. Auch für Kinder ist es wichtig, dass sie sich dieser Frage immer wieder stellen: Kann ich auf diese Weise glücklich werden?

Die Vorstellung, die wir vom Glück haben, verändert sich im Laufe unserer Entwicklung. Entscheidend ist die Überzeugung: Jeder Mensch hat einen Anspruch auf Glück. Ich auch.

Mach es dir auf deinem Platz bequem und schließ die Augen. Atme ein Mal langsam aus.

Für diese Übung sollst du deine Phantasie riesengroß machen.

Stell dir vor, dass du immer größer wirst, bis du mit dem Kopf an eine Wolke stößt.

Jetzt kannst du die ganze Welt überblicken.

Du überblickst viele Länder und du kannst die Menschen in allen Ländern beobachten, wie sie versuchen, glücklich zu werden.

Sie alle gehen dabei unterschiedlich vor und haben ganz verschiedene Vorstellungen vom Glück. (Pause)

Und nun geh in das Land, wo du am meisten Spaß haben kannst.

Beschreibe, was du dort tust, und warum es dir Spaß macht. (Pause)
Nun darfst du wieder kleiner werden und deine natürliche Größe annehmen.
Welche Ideen hast du von deinem Ausflug mitgebracht?

Das große Wandbild

Oft kommen die Impulse für unsere Zukunft aus der Diagnose der Gegenwart. Zum Glück haben die meisten Menschen das Bedürfnis, die positiven Dinge in ihrem Leben und in der Welt zu betonen und das Negative zu reduzieren.
In dieser Übung lassen wir die Kinder in der Phantasie ein großes Bild der Welt malen mit allen emotionalen Schattierungen von Glück und Unglück, mit positiven und negativen Seiten.

Mach es dir auf deinem Platz bequem und schließ die Augen. Atme ein Mal langsam aus.
In dieser Übung darfst du malen – in deiner Phantasie.
Stell dir vor, dass du vor einer sehr großen, weißen Wand stehst. Du hast alle Hilfsmittel, die du brauchst – Farben, Pinsel, Leitern und Gerüste – um diese Wand zu bemalen.
Wenn du willst, kannst du dir einen Malerkittel überziehen. Und was das Wertvollste ist: Du hast die Erlaubnis, diese weiße Wand zu bemalen.
Du darfst mit ganz feinen Pinseln arbeiten oder mit ganz breiten, und du hast alle Farben der Welt zu deiner Verfügung.
Auf diese Wand sollst du nun die Welt so malen, wie du sie im Augenblick erlebst und siehst. Mit allem, was du gut findest, und mit allem, was du vielleicht ablehnst. (Pause)
Atme ein Mal langsam aus.
Nun betrachte alles, was du bis jetzt gemalt hast.
Wie gefällt dir dein Bild?
• Macht es dich froh?
• Macht es dich nachdenklich?
• Macht es dich neugierig?
Öffne nun deine Augen und nimm dir ein Blatt Papier und eine Schachtel mit Ölkreiden.
Male jetzt das Bild, das du vorher in der Phantasie entwickelt hast.
Lass dir Zeit, um die Welt so zu malen, wie du sie siehst und erlebst.
(15 Minuten)

INNERE RESSOURCEN

Die meisten Menschen verfügen über einen großen Vorrat innerer Ressourcen, von denen sie nur einen Teil im Laufe ihres Lebens einsetzen. Das ist bedauerlich und eine Vergeudung von Potenzial. In allen Lebensbereichen – Bildung, Politik, Wirtschaft, Technik – werden Übersichtlichkeit und Kontrolle höher geschätzt als Vielfalt und Spontaneität. Und so kommt es, dass überall schlummernde Reserven zu entdecken sind, für die sich nur wenige interessieren.

Was sind innere Ressourcen? Dazu gehören folgende Qualitäten:
• persönliche Vitalität und Lebenskraft,
• genetische Anlagen,
• epigenetische (d. h. unter dem Einfluss unserer Umwelt erworbene) Talente und Einstellungen,
• selbst erworbene Fertigkeiten, Kenntnisse und Charakterstärken.

Wenn wir der Welt optimistisch gegenübertreten, selbstbewusst und handlungsstark, dann können wir auf unsere inneren Ressourcen zurückgreifen. Wenn wir uns aber abhängig fühlen, hilflos und ohne Hoffnung, dann vergessen wir unsere inneren Schätze und Fähigkeiten.

Viele Kinder werden früh im Leben enttäuscht, frustriert und verletzt, meist durch Vernachlässigung und die Versäumnisse von Eltern, die psychologisch und ökonomisch überlastet sind. Darum müssen wir alles tun, damit die Kinder, die uns anvertraut sind, die Überzeugung entwickeln können: Ich verfüge über einen Schatz innerer Ressourcen.

Die Übungen in diesem Abschnitt helfen den Kindern, einige ihrer Ressourcen zu entdecken und sich an ihnen zu freuen.

Im Ruderboot

In dieser Phantasie bringen wir die Kinder in eine Situation mit erhöhtem Risiko. Eine Fahrt im Ruderboot erfordert einen gewissen Mut und strategische Entscheidungen.

Mach es dir auf deinem Platz bequem und schließ die Augen. Atme ein Mal langsam aus.

Sei in einem Ruderboot. Schau dich ganz genau um.

Wo bist du?

Was kannst du in deiner Umgebung sehen?

Ist irgendjemand bei dir?

Wie fühlst du dich in diesem Ruderboot auf dem Wasser?

Wo landest du mit deinem Ruderboot?

Das Motorboot

Hier geht es um ähnliche Charakterstärken. Habe ich Steuermanns-Qualitäten? Wie reagiere ich in Notfällen?
Diese Übung gibt den Kindern Anstöße zu lebhaften Diskussionen.

Mach es dir auf deinem Platz bequem und schließ die Augen. Atme ein Mal langsam aus.

Stell dir vor, dass du in einem Motorboot sitzt.

Wohin möchtest du fahren?

Soll irgendjemand bei dir sein?

Wie findest du es, das Steuerrad in beiden Händen zu halten?

Wie viel Wind verträgt dein Boot?

Wie hoch dürfen die Wellen sein?

Was machst du, wenn ein Sturm aufzieht?

Mann über Bord!

Zu unseren inneren Ressourcen gehört auch das Vertrauen in andere Menschen und die Bereitschaft, Hilfe anzunehmen. Traumatisierte Kinder und Erwachsene entwickeln häufig eine Skepsis, die es ihnen schwer macht, an die guten Absichten anderer zu glauben. Diese Skepsis kann auch angebracht sein. Wir müssen also unseren Glauben an die Hilfsbereitschaft anderer verbinden mit Wachsamkeit und Intuition.

Mach es dir auf deinem Platz bequem und schließ die Augen. Atme ein Mal langsam aus.

Stell dir vor, dass du mit anderen in einem Boot sitzt.

Mit wem bist du zusammen?

Ganz plötzlich fällst du ins Wasser.
Was geschieht?
Was machen die anderen?
Wer hilft dir, wieder an Bord zu kommen?
Wie bedankst du dich bei deinem Retter?

Das Labyrinth

Eine klassische Herausforderung, die unsere mentalen Reserven auf die Probe stellt, bietet das Labyrinth. Dichte Wälder, gleichförmige Eiswüsten, Höhlensysteme aber auch künstliche Labyrinthe erschweren uns die Orientierung und können bei manchen Menschen Panik auslösen. Auch in der Phantasie stellt das Labyrinth eine schwierige Mutprobe dar. Wer sie besteht, fühlt sich anschließend stärker und erwachsener.

Mach es dir auf deinem Platz bequem und schließ die Augen. Atme ein Mal langsam aus.
Stell dir vor, du bist in einem Labyrinth.
Was für ein Labyrinth ist das?
Was geschieht hier?
Wie fühlst du dich dabei?
Wie gut kannst du die Unsicherheit ertragen?
Wie kommst du aus dem Labyrinth wieder heraus? (Pause)
Hast du irgendwann ein ähnliches Abenteuer bestanden?

Im Moor

Wir sind daran gewöhnt, auf festem Boden zu stehen. Wenn der Boden unter uns nachgibt, dann können wir in Panik geraten. Unsere Selbstsicherheit hängt stark mit der Verlässlichkeit des Untergrundes, auf dem wir stehen, zusammen. Darum ist die Vorstellung, im Moor zu versinken, so beängstigend. Wir müssen dann unsere Reserven an Kaltblütigkeit und Optimismus mobilisieren.
Für Kinder ist diese Phantasie weniger erschreckend als für Erwachsene, da sie sich in Fantasy-Filmen und -spielen oft in unsicheren Sphären bewegen. Dennoch kann für einzelne Kinder diese Vorstellung emotional belastend sein. Darum statten wir die Kinder mit einem Rettungsring aus Licht aus, der ihnen Schutz geben soll.

Mach es dir auf deinem Platz bequem und schließ die Augen. Atme ein Mal langsam aus.

Du wanderst barfuß durch die Natur.

Plötzlich sinkst du an einer moorigen Stelle ein.

Mit jedem Schritt, den du machst, sinkst du tiefer ein.

Wie fühlst du dich?

Wenn du jetzt große Angst bekommst, musst du nur leise: «Hilfe» flüstern.

Du siehst dann, wie sich ein Rettungsring aus Licht um deine Brust legt, sodass du nicht tiefer einsinken kannst.

Was geschieht weiter?

Findest du selbst eine Möglichkeit, dich zu befreien?

Erlebst du irgendein kleines Wunder, das dich aus deiner schwierigen Situation rettet?

Hast du vielleicht einen Schutzengel und was unternimmt dieser?

Verlaufen

Für kleine Kinder ist das eine klassische Angst-Phantasie. Sie befürchten, verloren zu gehen, wenn sie sich zu weit von ihren Eltern oder anderen Begleitpersonen entfernen. Diese Angst ist genetisch verankert. Kleine Kinder brauchen zum Überleben die Unterstützung von Erwachsenen.

Mach es dir auf deinem Platz bequem und schließ die Augen. Atme ein Mal langsam aus.

Du bist in einem großen Wald.

Du folgst den breiten Wegen.

Plötzlich scheint der Weg verschwunden zu sein.

Du hast die Orientierung verloren.

Wie fühlst du dich?

Was hilft dir, Ruhe zu bewahren?

Was geschieht?

Wie findest du zurück?

Die Bienenkönigin

Bienen, Ameisen und Termiten sind Insektenvölker, die uns faszinieren, weil wir hier etwas Seltenes beobachten können: kollektive Intelligenz. Alle Tiere eines Volkes stellen ihr Leben in den Dienst der Gemeinschaft. Sie sind bereit, für die Existenz ihres Staates alles zu opfern. Das gilt auch für die Bienenkönigin. Bis zum letzten Atemzug widmet sie sich der Aufgabe, Nachwuchs zu erzeugen, und die Lebenskraft ihres Volkes zu stärken. Eine Diskussion über Pflichten und Rechte sowie zu den Begriffen von Kooperation und Hilfsbereitschaft kann sich anschließen.

Mach es dir auf deinem Platz bequem und schließ die Augen. Atme ein Mal langsam aus.

Erinnere dich an alles, was du über die Bienen weißt.

Die Bauern brauchen die Bienen, damit ihre Pflanzen befruchtet werden.

Stell dir vor, dass du die Bienenkönigin bist, die in einem Bienenkorb mit tausenden Arbeitsbienen lebt.

Wie gefällt es dir, die Bienenkönigin zu sein?

Was sind deine Pflichten?

Was sind deine Rechte?

Welche Pflichten haben die Arbeiterbienen?

Welchen Sinn hat dein Leben?

Kannst du im Leben der Bienenkönigin irgendeine Charakterstärke entdecken, über die du auch selbst gern verfügen würdest?

Wie nennst du diese Charakterstärke?

Eine Arbeitsbiene

Auf den ersten Blick erscheint das Leben der Arbeitsbiene langweilig und bedeutungslos. Wenn wir jedoch genauer hinsehen, dann können wir auch hier Interessantes entdecken. Die Arbeitsbiene genießt die Solidarität ihrer Kollegen. Ihre Arbeitsergebnisse werden nicht bewertet und sie muss nicht fürchten, sozial abzusteigen. Man könnte vermuten, dass die Arbeitsbiene vollständig glücklich ist. Die Kinder brauchen eine gewisse Zeit, um das Schicksal einer Arbeitsbiene verstehen und würdigen zu können.

Mach es dir auf deinem Platz bequem und schließ die Augen. Atme ein Mal langsam aus.

Sei eine Arbeitsbiene, die Nektar und Blütenstaub sammelt. Du musst hart arbeiten.

Welche Blüten besuchst du am liebsten?

Wie gefällt dir dein Bienenleben?

Wie sind deine Beziehungen zu den anderen Arbeitsbienen?

Wovor hast du als Biene Angst?

Worauf kannst du dich verlassen?

Gibt es in deinem Leben als Arbeitsbiene irgendetwas, was du auch in deinem Leben als Mensch genießen möchtest?

Nebel

Nebel schafft eine ganz besondere Atmosphäre, die mit Geheimnis und Gefahr verbunden ist. Auch heute mobilisiert der Nebel unsere Wachsamkeit und zwingt uns zur Vorsicht. Wir verlieren einen Teil unserer Kontrolle und erleben Unsicherheit.

Mach es dir auf deinem Platz bequem und schließ die Augen. Atme ein Mal langsam aus.

Du bist im Nebel unterwegs und verlierst die Orientierung. Du kannst kaum sehen, was vor dir ist.

Wie fühlst du dich?

Was machst du?

Was geschieht?

Wie gut kannst du die Unsicherheit ertragen?

Welche Rolle spielt Vorsicht in deinem Leben?

Schwierige Verständigung

In Schulen mit Kindern aus Migrantenfamilien gibt es häufig Verständigungsprobleme. Zum Glück sind die meisten Kinder kreativ und finden Möglichkeiten, die Sprachbarrieren zu überwinden.

Mach es dir auf deinem Platz bequem und schließ die Augen. Atme ein Mal langsam aus.

Ein neues Kind kommt in die Klasse, das deine Sprache weder spricht noch versteht. Du möchtest ihm etwas mitteilen.

Wie stellst du das an?

Was willst du sagen?

Wie mag sich das fremde Kind fühlen?

Kennst du selbst ähnliche Schwierigkeiten?

Die Hängebrücke

Die Hängebrücke ist ein archetypisches Symbol für eine kritische Situation. Bereits in der Phantasie wird unser Mut ernsthaft auf die Probe gestellt. Für die Kinder ist dies ein spannender Test, der ihre Entschlossenheit herausfordert.

Mach es dir auf deinem Platz bequem und schließ die Augen. Atme ein Mal langsam aus.

Du gehst über eine Hängebrücke. Seile aus Pflanzen tragen die Planken der Brücke. Es ist ein windiger Tag. Die Brücke schwingt hin und her.

Wie schaffst du es, die Balance zu halten und auf die andere Seite zu kommen?

Wie fühlst du dich dabei?

Was tust du, um konzentriert und ruhig zu bleiben?

Kannst du deinen Herzschlag spüren?

Was machst du, wenn du auf der anderen Seite angekommen bist?

Der verlorene Schuh

Viele Kinder verlieren häufig Gegenstände. Fast immer haben diese Kinder Schwierigkeiten, ihre Aufmerksamkeit klar zu fokussieren. Sie beschäftigen sich mit zu vielen Dingen gleichzeitig und verlieren die Übersicht. Konstruktive Konsequenzen wären:
* *langsamer zu agieren,*
* *die eigenen Gefühle zu bemerken,*
* *häufiger eine erfrischende Pause einzulegen.*

Mach es dir auf deinem Platz bequem und schließ die Augen. Atme ein Mal langsam aus.

Du bist am Strand. Du hast mit deinen Freunden/Freundinnen gebadet und gespielt und willst dich nun wieder anziehen, um nach Hause zu gehen.

Da bemerkst du, dass einer deiner Schuhe fehlt.

Was tust du nun?

Gehst du ohne Schuhe nach Hause?

Suchst du nach dem verlorenen Schuh?

Ärgerst du dich über dich selbst?

Was sagst du zu dir selbst, wenn dir so etwas passiert ist?

Um Verzeihung bitten

Für Kinder ist es wichtig, dass sie lernen, um Verzeihung zu bitten, wenn sie jemandem Unrecht getan haben und dass sie auch selbst anderen vergeben können.

Eltern und Lehrer tun den Kindern einen großen Gefallen, wenn sie diesen wichtigen interpersonellen Skill fördern.

Mach es dir auf deinem Platz bequem und schließ die Augen. Atme ein Mal langsam aus.

Du leihst dir von einem Freund ein Buch.

Es kommt der Tag, an dem du das Buch zurückgeben sollst.

Du kannst das Buch nicht finden.

Was sagst du deinem Freund?

Kannst du ihm mitteilen, dass es dir leid tut?

Welche Worte benutzt du für diese Mitteilung?

Fällt dir irgendeine Art der Wiedergutmachung ein, ein Weg, wie du deinen Freund entschädigen kannst?

Was sagen deine Freunde und Geschwister von dir: Bist du jemand, der bereit ist, sich zu entschuldigen?

Bist du jemand, der verzeihen kann?

SEIN HERZ ÖFFNEN

Die meisten Erwachsenen sind eher zurückhaltend, wenn es um den Ausdruck ihrer Gefühle geht. Kleinere Kinder verhalten sich meist noch anders. Sie tragen ihr Herz auf der Zunge und zeigen spontan ihre Gefühle. Im Laufe der Zeit übernehmen sie dann die Verhaltensweisen der Erwachsenen. Dieses emotionale «Verstummen» ist für Entwicklung und Beziehungsfähigkeit eines Menschen nicht förderlich. Wir wissen heute, dass unsere Gefühle auch bei allen intellektuellen Operationen des Gehirns eine bedeutende Rolle spielen. Der Psychologe Daniel Goleman spricht daher von «emotionaler Intelligenz».

Es wird immer wieder darauf hingewiesen, wie wichtig Empathie ist, wie bedeutsam Teamfähigkeit und Kooperationsbereitschaft sind. Alle diese Qualitäten können sich jedoch nur entwickeln, wenn wir bereit sind, unsere Gefühle ins Spiel zu bringen. Und das gelingt leichter, wenn wir uns früh in dieser Kunst üben.

Dem Herzen zuhören

Wenn wir uns aufregen, dann steigt unser Blutdruck und der Herzschlag wird schneller. In dieser Verfassung ist unser Denken eingeschränkt. Komplizierte Operationen, wie Einfühlung oder kreative Problemlösung, sind dann wesentlich erschwert oder sogar unmöglich. In solchen Situationen können wir unser Herz beruhigen, indem wir ein paar Mal langsam ausatmen. Das hat spürbare Konsequenzen.

In dieser Übung lenken wir die Aufmerksamkeit der Kinder auf die physische Arbeit des Herzens und gleichzeitig auf die Menschen, für die unser Herz offen ist, weil wir sie lieben.

Mach es dir auf deinem Platz bequem und schließ die Augen. Atme ein Mal langsam aus.
Leg eine Hand auf dein Herz… Spüre deinen Herzschlag.
Was geschieht, wenn du eine Weile auf deinen Herzschlag hörst?
Spürst du deinen Herzschlag auch an anderen Stellen deines Körpers?

Dein Herz pumpt jeden Tag viele Liter Blut durch deinen Körper und transportiert auf diese Weise Sauerstoff in jede Zelle. Außerdem sagt es dir, welche Menschen du gern hast, wen du liebst und was gut für dich ist. Damit du die Stimme deines Herzens hören kannst, muss dein Mund schweigen.

Kannst du hören, was dein Herz im Augenblick sagt?

Welche Menschen haben einen Platz in deinem Herzen?

Was das Herz will

Unser Herz ist auf die Dolmetscherfunktion des Gehirns angewiesen. Viele Botschaften unseres Herzens verstehen wir erst, wenn unser Geist sie uns übersetzt.

Mach es dir auf deinem Platz bequem und schließ die Augen. Atme ein Mal langsam aus.

Leg eine Hand auf deine Brust und entscheide, ob du gleich auf dein Herz hören willst.

Was machst du, wenn du hören möchtest, was dein Herz will?

Möchte dein Herz z. B., dass du gute Freunde hast?

Möchte dein Herz, dass es in deiner Familie liebevoll zugeht?

Möchte dein Herz, dass du in der Schule Erfolg hast?

Was möchte dein Herz sonst noch?

Und nun höre, wie du deinem Herzen sagst: «Ich will häufiger darauf achten, was du sagst.»

Nicht für jeden

Es ist förderlich, wenn die Kinder auch die unterschiedliche Intensität ihrer Gefühle bemerken. Das gilt besonders für ein so wichtiges Gefühl wie Liebe und Zuneigung. Für manche Kinder ist es hilfreich, wenn sie sich fragen, wer alles in ihrem Herzen Platz finden soll.

Mach es dir auf deinem Platz bequem und schließ die Augen. Atme ein Mal langsam aus.

Leg eine Hand auf dein Herz und bemerke, wie dein Herz schlägt.

Denk darüber nach, wer einen Platz in deinem Herzen hat.

Für wie viele Menschen gibt es dort Raum?

Wie entscheidest du, ob jemand einen Platz in deinem Herzen haben soll?

Kommt es vor, dass ein neuer Mensch einen Platz in deinem Herzen findet?

Kommt es auch vor, dass du jemanden aus deinem Herzen ausschließt?

Wann tust du das?

Wie geht es dir dabei?

Nähe

Kinder haben das Recht, emotionale Grenzen zu ziehen. Sie können entscheiden, wie dicht sie einen anderen Menschen an sich herankommen lassen wollen. Wenn sie sich bei einer solchen Annäherung nicht wohlfühlen, ist es am besten, wenn sie Stopp sagen. Oft glauben Kinder, dass sie dazu kein Recht haben oder dass es unhöflich ist. Eltern und Lehrer müssen daher die Kinder in ihrem emotionalen Selbstbestimmungsrecht unterstützen.

Mach es dir auf deinem Platz bequem und schließ die Augen. Atme ein Mal langsam aus.

Leg eine Hand auf dein Herz.

Bemerke, in welchem Rhythmus dein Herz gerade schlägt.

Was tust du, wenn du anderen gestattest, deinem Herzen nahezukommen?

Wie stellst du es an, selbst deinem Herzen nahe zu sein?

Gibt es Menschen, die nicht in die Nähe deines Herzens kommen dürfen?

Wer von allen Menschen darf deinem Herzen am nächsten kommen?

Was hat dieser Mensch Besonderes für dich?

Mantel der Liebe

Besonders traumatisierte Kinder haben oft Angst, einen Menschen in ihr Herz zu schließen. Sie scheuen das damit verbundene Risiko, erneut verletzt zu werden. Die folgende Imagination macht es ihnen leichter, wieder an die Möglichkeit der Liebe zu glauben. Aber auch für alle anderen, die Angst vor Enttäuschung haben, die an einer besonders kritischen Einstellung zu anderen und zu sich selbst leiden, ist dies eine gute Gelegenheit, etwas auszuprobieren.

Mach es dir auf deinem Platz bequem und schließ die Augen. Atme ein Mal langsam aus.

Stell dir vor, dass du den Mantel der Liebe trägst. Wenn du diesen Mantel um deine Schultern legst, dann kannst du niemanden hassen.

Du bist auch nicht imstande, auf dich selbst wütend zu sein.

Dieser Mantel kann Wunder bewirken.

Wen liebst du, wenn er dich einhüllt?

Spüre all die guten Gefühle, die der Mantel der Liebe dir geben kann.

Bemerke auch, wie sehr deine Liebe anderen guttun kann.

Denk daran, dass mit Liebe alles noch viel schöner ist. Schon eine kleine Portion Liebe kann viel bewirken. Darum bewahre den Mantel der Liebe sorgsam in deinem Gedächtnis auf, denn er hat die Kraft, Feindschaften zu beenden, Gegner zu versöhnen und Frieden zu stiften.

Den Mantel der Liebe ausleihen

Schwierige Beziehungen leiden oft darunter, dass die Beteiligten die Liebesfähigkeit des anderen allzu pessimistisch einschätzen. Sie können oder wollen sich nicht vorstellen, dass der andere Mensch vielleicht durchaus Gefühle der Zuneigung für sie entwickelt hat, aber aus irgendeinem Grund nicht bereit oder in der Lage ist, dies auszudrücken.

Diese schöne Imagination kann eine verhärtete Beziehung wieder lebendig machen und die Atmosphäre entspannen. Oft bewirkt der bloße Gedanke an die Liebesbereitschaft des anderen ein Schmelzen des Eises.

Mach es dir auf deinem Platz bequem und schließ die Augen. Atme ein Mal langsam aus.

Erinnere dich an den Mantel der Liebe.

Von Zeit zu Zeit darfst du diesen Mantel ausleihen. Wer ihn trägt, kann nicht hassen, und er ist nicht in der Lage, sich zu ärgern oder wütend zu sein. Wem willst du in der Phantasie den Mantel der Liebe umlegen?

Sieh und erlebe, dass dieser Mensch Gefühle der Zuneigung und der Fürsorge für dich empfindet und zeigt.

Bist du bereit, diese veränderten Signale zu empfangen?

Wie gefällt dir das?

Wenn du mit einem einzigen Wort darauf reagieren solltest, was würdest du dann sagen?

Kapitel 2
Meine Beziehungen

GESCHWISTER

Mit ihren Geschwistern auszukommen, ist für manche Kinder eine lebenslange Herausforderung. Doch darin liegt auch eine wichtige Lernchance. Im täglichen Umgang mit seinen Geschwistern lernt das Kind, sich mitfühlend zu verhalten, die Gefühle anderer zu verstehen und gleichzeitig für die eigenen Wünsche und Ziele einzutreten. Hier lernt es, andere zu beschützen und es kann seine Bereitschaft trainieren, selbst Unterstützung anzunehmen. Hier hat es Gelegenheit, die Aufmerksamkeit seiner Umgebung zu gewinnen bzw. sensibel auf die Bedürfnisse von anderen zu reagieren.

In der Beziehung zu unseren Geschwistern können wir üben, fair zu streiten und Frieden zu schließen, wir können unseren Ärger zeigen und lernen, anderen zu vergeben. Wichtige Verhaltensmuster und Gefühle lernen wir im engsten Kreis unserer Kindheitsfamilie, und oft begleiten uns frühe Verhaltensweisen später ein Leben lang.

In den folgenden Übungen geht es darum, dass das Kind eigene und fremde Gefühle besser versteht. Gleichzeitig können Lehrer und Gruppenleiter einzelne Kinder besser kennenlernen und herausfinden, wo diese besonders gefördert werden sollten.

Am Anfang jeder Übung kann die folgende Anleitung eine passende Stimmung erzeugen:

«Mach es dir auf deinem Stuhl bequem. Dein Rücken sollte ganz gerade sein. Stell beide Füße nebeneinander auf den Boden. Leg die Hände auf die Knie… die Handflächen nach oben… und nun schließ die Augen und halte sie so lange geschlossen, bis ich dich bitte, sie wieder zu öffnen. Das hilft dir, Dinge zu sehen, die sich dir nicht zeigen, wenn deine Augen geöffnet sind. Vermutlich werden deine Augen ungefähr zwei Minuten lang geschlossen sein.

Und nun atme drei Mal langsam durch den Mund aus. Lass deinen Atem hörbar aus deinem Mund strömen.»

Machen Sie am Ende jeder Übung eine kurze Pause und fordern sie dann mit folgender ritueller Wendung die Kinder zur Rückkehr auf:

«Und nun atme ein Mal aus und öffne deine Augen.»

Interessenkonflikt

Die meisten Kinder sind bereit, ihren Eltern zu helfen und freiwillig bestimmte Aufgaben und Pflichten zu übernehmen. Sie tun das umso bereitwilliger, wenn sie in beiden Eltern ein passendes Vorbild sehen können. Aber die vielleicht wichtigste Voraussetzung ist ganz einfach: Ein Kind, das sich geliebt fühlt, wird in der Regel liebevoll reagieren. Darüber hinaus ist es hilfreich, wenn Eltern und Kinder freundlich und ohne Vorwürfe miteinander sprechen und gemeinsam Probleme lösen. Beide Seiten sollten darauf verzichten, das Gegenüber zu beschuldigen, herabzusetzen oder zu manipulieren.

Mach es dir auf deinem Platz bequem und schließ die Augen. Atme ein Mal langsam aus.
Dein Freund oder deine Freundin ruft an und lädt dich zum Spielen ein. Deine Mutter sagt jedoch, dass du auf deinen kleinen Bruder bzw. deine kleine Schwester aufpassen musst.
Wie kannst du dieses Problem lösen?
Bleibst du ruhig oder regst du dich auf?

Tacheles reden

Tatsächlich sind ältere Geschwister oft besonders belastet. In der Regel sind es überlastete Eltern, die dazu tendieren, ihre Kinder unfair zu behandeln. Eine solche Situation kann viel Stress in der Familie erzeugen. Dann ist es hilfreich, wenn das ältere Kind darüber sprechen kann und sobald wie möglich lernt, dass Eltern nicht perfekt sind, sondern von Zeit zu Zeit auch unfair handeln.

Mach es dir auf deinem Platz bequem und schließ die Augen. Atme ein Mal langsam aus.
Manchmal hast du den Eindruck, dass dein kleiner Bruder oder deine kleine Schwester alles dürfen und mit allem durchkommen. Nur du musst dich vorbildlich verhalten, weil du älter bist und alle viel von dir erwarten.
Findest du, dass du als älteres Kind manchmal ungerecht behandelt wirst?
Was sagst du in einem solchen Fall?
Was tust du?

Rechte und Pflichten

Kinder haben eine besondere Feinfühligkeit, was das Verhalten der Eltern ihnen und ihren Geschwistern gegenüber angeht. Das hängt vermutlich damit zusammen, dass sie sich, machtlos wie sie sind, am besten beschützt fühlen, wenn sie von den Eltern geliebt werden und wenn es in der Familie gerecht zugeht. Untereinander sind Kinder längst nicht immer für Gerechtigkeit. Aber es ist überaus wichtig, dass sie über Fragen der Gerechtigkeit sprechen können.

Mach es dir auf deinem Platz bequem und schließ die Augen. Atme ein Mal langsam aus.

Manchmal ärgerst du dich über deinen jüngeren Bruder oder über deine jüngere Schwester. Manchmal bist du eifersüchtig oder neidisch auf ihn oder sie.

Vielleicht sagen deine Eltern: «Weil du älter bist, hast du auch mehr Rechte und Privilegien.» Hast du den Eindruck, dass es für dich eine gute Balance gibt zwischen Rechten und Pflichten?

Was sagst du zu deinen Eltern?

Was antworten sie dir?

Kannst du es schaffen, in ruhigem Ton mit deinen Eltern zu sprechen?

Kannst du ihnen erklären, wie du dich fühlst?

Die verschwundene Hausarbeit

Hier wenden wir uns einem sehr unangenehmen Problem zu: Einem Kind wird nicht geglaubt. Aus der Sicht des Kindes kann das ein erschütterndes Erlebnis sein. Es muss lernen, dass auch Autoritäten manchmal Fehler machen, Launen haben und unter Stress leiden. Eine gute Arbeitshypothese lautet: Menschen, die mich unfreundlich behandeln, fühlen sich fast immer ungeliebt, unglücklich, unruhig und inkompetent. Die Kinder können lernen, die Stresssymptome der Erwachsenen durch genaue Beobachtung zu erfassen und ihnen dann mildernde Umstände zu gewähren.

Mach es dir auf deinem Platz bequem und schließ die Augen. Atme ein Mal langsam aus.

Du hast einen jüngeren Bruder oder eine jüngere Schwester und er oder sie hat das Heft mit deiner Hausarbeit aus deiner Schulmappe genommen. Es ist nicht das erste Mal, dass du ohne Hausarbeit zur Schule kommst.

Dein Lehrer glaubt dir die Geschichte mit deinen Geschwistern nicht so recht und interessiert sich nicht für deine Erklärungen.
Was machst du?
Was sagst du zu deinem Lehrer?
Schaffst du es, deine Gefühle unter Kontrolle zu halten?

Kein eigenes Zimmer

Wir neigen dazu, uns mit den Menschen zu vergleichen, die mehr haben als wir und denen es besser geht. Dann fühlen wir uns unzufrieden und vom Schicksal benachteiligt. Ein wirksames mentales Gegengewicht bietet hier das Gefühl der Dankbarkeit. Jeder Mensch hat viele Gründe, sich dankbar zu fühlen. Dankbarkeit macht Kinder widerstandsfähig und zeigt ihnen, wie sie leichter mit Frustrationen zurechtkommen können.

Mach es dir auf deinem Platz bequem und schließ die Augen. Atme ein Mal langsam aus.
Du teilst dir ein Zimmer mit deinem jüngeren Bruder oder deiner jüngeren Schwester. Am liebsten hättest du ein eigenes Zimmer.
Was wäre dann besser für dich?
Was kannst du tun, wenn du kein eigenes Zimmer bekommen kannst?
Gibt es andere Dinge in deinem Leben, die dich glücklich machen?
Wofür bist du dankbar?

Geschwisterfolge

In früheren Zeiten konnte die Abfolge der Geburten drastische Folgen haben. Die Erstgeborenen wurden vielerorts beim Erbrecht deutlich bevorzugt. Dafür mussten sie allerdings oft einen hohen Preis zahlen, weil sie unweigerlich auch Neid und Missgunst auf sich lenkten.
Es gibt keinen bevorzugten Platz in der Geschwisterfolge. Jeder Vorteil wird durch entsprechende Nachteile neutralisiert. Es kann sehr hilfreich sein, wenn die Kinder diese Tatsache verstehen lernen.

Mach es dir auf deinem Platz bequem und schließ die Augen. Atme ein Mal langsam aus.
Wenn du das einzige Kind zu Hause bist oder nur einen Bruder oder eine Schwester hast, dann stell dir vor, wie es wäre, wenn du ein Kind unter anderen bist.

Versuche in der Phantasie den Platz deiner Geschwister einzunehmen…

Sei dein großer Bruder oder deine große Schwester.

Sei das jüngste Kind in der Familie.

Sei das mittlere Kind in der Familie.

Und nun sei wieder du selbst.

Welchen Platz in der Geschwisterfolge hättest du am liebsten?

Welche Vorteile hätte es für dich, wenn du an dieser Stelle in der Familie stehen würdest?

Welche Nachteile würden entstehen?

Was gewinnst du aus deinem Platz in der Geschwisterfolge?

Welche Belastungen ergeben sich für dich aus diesem Platz?

FREUNDE

Am Anfang unseres Lebens spielen wir allein. Dann spielen wir Seite an Seite mit anderen Kindern, und erst viel später sind wir in der Lage, mit anderen gemeinsam zu spielen.

Kinder, die keine Freunde haben, leiden darunter. Sie fühlen sich ausgeschlossen und überflüssig. Manchmal werden sie dann zornig oder sogar gewalttätig.

Kindergarten und Schule haben die wichtige Aufgabe, gemeinsam mit den Eltern dafür zu sorgen, dass Kinder die Kunst lernen, Freundschaften zu schließen.

Gute Freunde

Gute Freunde helfen dem Kind, sich weniger abhängig zu fühlen. Sie relativieren die Bedeutung der Familie und erleichtern es dem Kind, eine stabile Gemütsverfassung zu entwickeln. Das wichtigste Merkmal eines guten Freundes/einer guten Freundin: Wir haben nicht das Bedürfnis, ihm/ihr gegenüber eine Maske zu tragen; wir können uns zeigen, wie wir sind.

Mach es dir auf deinem Platz bequem und schließ die Augen. Atme ein Mal langsam aus.

Stell dir vor, dass du dir einen Freund oder eine Freundin wünschst.

Wie muss dieses Kind sein?

Wie sollte dieses Kind dich behandeln?

Was bringst du selbst mit, um diesem Kind ein guter Freund bzw. eine gute Freundin sein zu können?

Die Kunst, Freunde zu gewinnen

Manche Kinder haben ein natürliches Talent für Freundschaften. Andere haben es schwerer. Es ist hilfreich, wenn Kinder in der Lage sind, die Besonderheit von anderen zu erkennen und zu berücksichtigen.

Mach es dir auf deinem Platz bequem und schließ die Augen. Atme ein Mal langsam aus.

Stell dir vor, dass du der Freund bzw. die Freundin für irgendein anderes Kind sein möchtest.

Was tust du, damit du mit diesem Kind Freundschaft schließen kannst? Beschreibe, was passiert.

Sprich darüber, warum du gerade dieses Kind zum Freund haben willst.

Streitschlichter

Kinder zeigen erstaunlich früh Interesse daran, bei Konflikten die Parteien zu trennen und zu beruhigen. Sie übernehmen Verantwortung, weil sie instinktiv spüren, dass sich Schwierigkeiten meistens besser regeln lassen, wenn es dabei friedlich zugeht. Dies ist ein wichtiges Thema für alle Kinder- und Jugendgruppen. Dabei tauchen uralte zwischenmenschliche Probleme auf wie Verrat, Treulosigkeit, Ausnutzung, Verletzung, Rache, Strafe, Vergebung und Wiedergutmachung.

Mach es dir auf deinem Platz bequem und schließ die Augen. Atme ein Mal langsam aus.

Stell dir vor, dass zwei Kinder miteinander kämpfen. Erzähle, warum sie kämpfen und was bei diesem Kampf passiert.

Atme ein Mal langsam aus.

Stell dir vor, dass du den Wunsch hast, diesen Kampf zu stoppen. Versuche, einen oder beide Kämpfer dazu zu bringen, nicht mehr weiterzukämpfen.

Wie stellst du das an?

Was sagst du?

Ein Missverständnis

Sich selbst in einer heftigen Auseinandersetzung zu stoppen, kann schwierig sein. Wir beobachten immer wieder, dass Kindern und Erwachsenen die Fähigkeit fehlt, starke Affekte zu regulieren und den Sturm ihrer Gefühle zu bändigen. Eltern und Lehrer erweisen den Kindern einen großen Dienst, wenn sie sie in der Kunst unterweisen, einen Konflikt zu entschärfen, sich selbst zu bremsen und nach anderen Lösungsmöglichkeiten zu suchen.

Mach es dir auf deinem Platz bequem und schließ die Augen. Atme ein Mal langsam aus.

Stell dir vor, dass du mit einer Freundin/einem Freund streitest.

Vielleicht hat die Freundin/der Freund dich beleidigt.

Vielleicht glaubt sie/er, dass du ihn belogen hast.

Du bist ziemlich sauer auf deine Freundin/deinen Freund.

Du weißt aber, dass dies alles ein Missverständnis ist.

Was tust du, um den Konflikt zu entschärfen und zu beenden?

Emotionale Kontrolle

Vielen Kindern fällt es schwer, ihre aggressiven Impulse zu kontrollieren. Wenn sie sich über irgendetwas aufregen, wenn sie sich angegriffen oder verletzt fühlen, würden sie am liebsten auf der Stelle zurückschlagen, verbal oder ganz konkret. Bei einer solchen Eskalation sind die impulsiven Kinder fast immer die Verlierer. Sie müssen lernen, die Gefahr rechtzeitig zu erkennen, die mit ihrem inneren Aufruhr verbunden ist. Dann können sie bei einem Konflikt dafür sorgen, dass ihr Alarmsystem einen neuen Befehl bekommt: Ruhe bewahren – keine Lebensgefahr. Ein ausgezeichnetes Mittel ist langsames Ausatmen, verbunden mit physischer Entfernung aus der Kampfzone.

Mach es dir auf deinem Platz bequem und schließ die Augen. Atme ein Mal langsam aus.

Du hörst, dass ein Kind in deiner Klasse etwas Abfälliges über dich sagt.

Du ärgerst dich sehr darüber und würdest das Kind am liebsten verprügeln. Aber du weißt, dass dich das in Schwierigkeiten bringen würde.

Darum nimmst du dir vor, deine Wut zu zügeln.

Du atmest langsam aus.

Du gehst weg und atmest noch einmal langsam aus.

Du bist stolz, weil du es geschafft hast, deine Gefühle zu kontrollieren.

Du hast dich wie ein Feldherr verhalten, der seinen Truppen den Befehl gibt: «Ein Gegenangriff führt jetzt zu nichts! Ruhe bewahren!»

Großzügig sein

Gut vertragen sich Freunde nur, wenn beide großzügig sind. Dies ist hier nicht nur materiell gemeint. Es geht vor allem um die Bereitschaft, auf die Bedürfnisse der Freundin/des Freundes einzugehen. Dann kann die Beziehung beide bereichern.

Mach es dir auf deinem Platz bequem und schließ die Augen. Atme ein Mal langsam aus.
Stell dir vor, dass du dein allerliebstes Spielzeug bei dir hast.
Du erlaubst einem anderen Kind, damit zu spielen. Das kann deine Freundin/dein Freund sein oder jemand anderes.
Was geschieht?
Wem hast du erlaubt, mit deinem Lieblingsspielzeug zu spielen?
Was fühlst du?

Die beste Freundin/der beste Freund

Kinder müssen lernen, auch die Großzügigkeit ihrer Freunde nicht als Selbstverständlichkeit zu betrachten, sondern sich dafür zu bedanken.

Mach es dir auf deinem Platz bequem und schließ die Augen. Atme ein Mal langsam aus.
Stell dir deine beste Freundin/deinen besten Freund vor.
Sie/er lässt dich mit ihrem/seinem Lieblingsspielzeug spielen.
Wie findest du das?
Würdest du das auch tun?
Denkst du auch daran, dich dafür zu bedanken?
Wie würdest du das ausdrücken?

Gewinner und Verlierer

Freundschaften geraten unter Stress, wenn Rivalität entsteht. Keine Freundschaft ist davor sicher. Niemand kann ausschließen, auch einmal die Freundin oder den Freund überflügeln zu wollen und selbst als Gewinner dazustehen. Darum ist es wichtig, dass die Kinder plötzlich aufkommende Rivalität bemerken und in der Lage sind, darüber zu sprechen.

Mach es dir auf deinem Platz bequem und schließ die Augen. Atme ein Mal langsam aus.

Stell dir vor, dass du mit deiner Freundin/deinem Freund ein Spiel ausprobierst. Du gewinnst das Spiel.

Wie gefällt dir das und was sagst du zu deiner Freundin/deinem Freund?

Spiele mit einem anderen Kind. Diesmal bist du der Verlierer.

Wie findest du das?

Was machst du?

Kannst du dich für deine Freundin/deinen Freund freuen, dass sie/er diesmal gewonnen hat?

NEGATIVES VERHALTEN

Jedes Kind wünscht sich Aufmerksamkeit. Ruhige Kinder bekommen manchmal zu wenig davon, weil die «frechen» Kinder alle Aufmerksamkeit auf sich ziehen. Kinder, die sich inkompetent fühlen, die frustriert sind oder unglücklich, benehmen sich manchmal unpassend, um beachtet zu werden.

Für Eltern und Lehrer ist es wichtig, dass sie ihre Aufmerksamkeit gerecht verteilen. Oft ist es sinnvoll, über dieses heikle Thema mit den Kindern zu sprechen. Chronisches Stören kann ein indirekter Ruf nach Hilfe sein. Oft verbirgt sich dahinter eine lange Geschichte von Verletzungen und Enttäuschungen, von Vernachlässigung und mangelnder Liebe. In solchen Fällen empfiehlt es sich, Kindertherapeuten um Unterstützung zu bitten.

Stören

Wenn wir uns beachtet fühlen, erhöht sich gleichzeitig unser Sicherheitsempfinden. Wir gehen dann davon aus, dass wir nicht nur respektiert werden, sondern bei Bedarf auch Unterstützung bekommen. Das Bedürfnis, beachtet zu werden, erfüllt gleichzeitig eine wichtige soziale Funktion: Es hält Gruppen zusammen und sichert so das Überleben des Einzelnen.

Der Wunsch nach einer guten Beziehung zu den Autoritäten kann jedoch leicht gestört werden, wenn diese als ungerecht, lieblos oder selbstsüchtig erlebt werden. Am haltbarsten sind Autoritätsbeziehungen, wenn die Autoritätsperson geliebt wird, weil sie über wichtige und geschätzte Qualitäten verfügt. Autoritäten, die sich nur auf ihre Fähigkeit zu Sanktionen verlassen, stehen auf unsicherem Boden. Ihre «Untergebenen» werden versuchen, die ungeliebten Regenten loszuwerden.

Kinder mit einer unsicheren Beziehung zu Autoritätspersonen bekämpfen Gefühle von Angst und Frustration auch durch störendes und aggressives Verhalten.

Mach es dir auf deinem Platz bequem und schließ die Augen. Atme ein Mal langsam aus.

Stell dir vor, dass du dir wünschst, vom Lehrer beachtet zu werden.

Du tust irgendetwas, was den Lehrer stört.

Du hörst, dass der Lehrer mit dir schimpft.

Du hast Aufmerksamkeit bekommen, aber bist du mit dieser Methode zufrieden?

Denk dir einen anderen Weg aus, um die Aufmerksamkeit des Lehrers zu bekommen, ohne dir selbst dabei zu schaden.

Was tust du, um dein Ziel zu erreichen?

Gewalt

Kinder müssen lernen, dass es schädlich ist, bei Konflikten körperliche Gewalt einzusetzen. Das können schon kleine Kinder verstehen. Es ist wichtig, dass die Kinder lernen, auf Gewalt zu verzichten. Selbst im Spiel ist der Einsatz von Gewalt bedenklich.

Mach es dir auf deinem Platz bequem und schließ die Augen. Atme ein Mal langsam aus.

Deine Mutter telefoniert mit ihrer Freundin.

Du möchtest, dass sie dir bei deinen Schularbeiten hilft.

Du beginnst einen Kampf mit deiner Schwester.

Deine Mutter beendet ihr Telefongespräch und schickt dich auf dein Zimmer.

Jetzt hat sie dich beachtet, aber bist du damit zufrieden?

Finde einen anderen Weg, die Aufmerksamkeit deiner Mutter zu bekommen, ohne dass du dir selbst schadest.

Wie kannst du das anstellen?

Erzähle, was dann geschieht.

Wenn Freunde fehlen

Freunde sind die beste Garantie, dass wir uns in einer Gruppe nicht übersehen fühlen. Kinder, die eine geringe Fähigkeit haben, Freundschaften einzugehen, bezahlen diesen Mangel mit erhöhtem sozialen Stress. Ihnen fehlt das Gefühl der Wärme, der Geborgenheit, des Respekts, das eine Freundschaft bietet. Und sehr oft sind es fehlende enge Freundschaften, die die betroffenen Kinder in der Schule zu aggressivem Verhalten verleiten. Das Gefühl der Isolation kann Unsicherheit, Angst und Panik auslö-

sen, Gefühle, die unerträglich werden können. Es ist verständlich, dass isolierte Kinder ihre Frustration zeigen: passiv, indem sie depressiv werden oder aktiv durch Gewalttätigkeit.

Mach es dir auf deinem Platz bequem und schließ die Augen. Atme ein Mal langsam aus.

Du bist wütend, weil du dich in der Klasse übersehen fühlst.

Außerdem hast du keine Freunde. Du glaubst, dass niemand Interesse an dir hat.

Du wirst zornig und kippst Schulranzen und Bücher deiner Klassenkameraden auf den Boden und trampelst darauf herum.

Der Lehrer schickt dich zum Schulleiter. Du bekommst eine Strafe. Du musst morgen zwei Stunden länger in der Schule bleiben.

Jetzt wirst du auch Schwierigkeiten mit deinen Eltern bekommen. Du bereust deinen Wutanfall.

Was hättest du sonst tun können, um Beachtung in der Klasse zu finden?

Abgeben

Kinder haben ein starkes Bedürfnis, zu einer Gemeinschaft zu gehören, einen positiven Beitrag zu leisten, gelegentlich auch Opfer zu bringen. Oft können wir beobachten, dass Kinder spontan eine gute Tat vollbringen, indem sie z. B. für einen behinderten Nachbarn einkaufen oder die Hausarbeit machen, wenn die Eltern krank sind. Ein solches pro-soziales Verhalten ist für enge Freundschaften Voraussetzung. Darum sind solche Charakterstärken (Hilfsbereitschaft, Mitgefühl, Einfühlungsvermögen) wichtige Lernziele der Schule.

Mach es dir auf deinem Platz bequem und schließ die Augen. Atme ein Mal langsam aus.

Stell dir vor, dass ein Kind sein Schulbrot vergessen hat. Du gibst dem Kind die Hälfte deines Schulbrotes ab.

Was sagt das andere Kind?

Was tut es?

Was denkst du in diesem Augenblick, was fühlst du?

Bild mit Sonnenblume

Auch für die Freundschaften unter Kindern gilt die Regel des Paartherapeuten John M. Gottman: Von fünf Interaktionen in einer Beziehung sollen vier positiv sein; nur eine darf negativ getönt sein. Eine solche Beziehung können wir als harmonisch bezeichnen. Wenn die negativen Interaktionen überwiegen, dann ist die Beziehung gefährdet.

In dieser Imagination illustrieren wir eine harmonische Stimmung. Die Kinder können sich fragen, wie oft sie in ihren Beziehungen und Freundschaften für eine friedliche, freundliche und wohltuende Stimmung sorgen.

Mach es dir auf deinem Platz bequem und schließ die Augen. Atme ein Mal langsam aus.

Stell dir vor, dass du eine große Leinwand vor dir hast.

Male eine große, goldene Sonnenblume in die Mitte unter einem blauen Himmel mit einer leuchtend gelben Sonne.

Nun male dich selbst in dieses Bild hinein.

Was fühlst du jetzt?

Welche Erfahrungen hast du mit Beziehungen gemacht, die zu der Stimmung in dem Bild passen?

Schuhputzer

Diese Imagination ist eine perfekte Illustration für den Grundsatz: Ich pflege, was ich liebe! Das gilt für Freundschaften, für Haustiere, aber auch für Objekte. Wer dazu nicht bereit oder in der Lage ist, riskiert zu verlieren, was er nicht genug schätzen kann.

Mach es dir auf deinem Platz bequem und schließ die Augen. Atme ein Mal langsam aus.

Stell dir vor, dass du deine Schuhe putzt.

Wie gefällt dir das?

Und nun stell dir vor, wie alle Kinder aus deiner Klasse ihre Schuhe putzen.

Wie waren die Schuhe ungeputzt und wie sind sie hinterher, wenn sie gepflegt und poliert worden sind?

Warum putzen wir eigentlich unsere Schuhe?

Warum polieren wir Mofas, Fahrräder und Autos? Was müssen wir tun, um eine Freundschaft glänzen zu lassen?

Entschuldigung

Kinder müssen lernen, sich zu entschuldigen, wenn sie Fehler machen, andere enttäuschen oder verletzen. Dazu gehören auch unbeabsichtigte negative Handlungen und Unterlassungen. Die Entschuldigung ist der deutliche Ausdruck für eine innere Haltung: Ich beachte dich, deine Gefühle sind mir wichtig. Es tut mir leid, wenn du dich schlecht fühlst. Ich möchte meinen Teil dazu beitragen, dass es dir wieder gut geht.
Die Entschuldigung stellt den sozialen Frieden wieder her. In der folgenden Imagination können die Kinder dies üben.

Mach es dir auf deinem Platz bequem und schließ die Augen. Atme ein Mal langsam aus.

Du hast jemandem etwas versprochen, was du nicht gehalten hast.

Was hast du versprochen?

Wem hast du es versprochen?

Entschließe dich dazu, dich zu entschuldigen.

Schau der Person ins Gesicht.

Was sagst du?

Wie fühlst du dich hinterher?

Ist die Entschuldigung das Zeichen einer Schwäche oder einer Stärke?

GEWALT UND MOBBING

Mobbing und Gewalt sind alte Probleme, die die Schulen nicht erst seit dem 20. Jahrhundert kennen. Lang anhaltendes Mobbing kann an Schulen zu Traumatisierungen bei Schülern und Lehrern führen. Die Auswirkungen auf die Opfer können so gravierend sein, dass sie eine Schulphobie entwickeln, Selbstmordversuche unternehmen oder gewalttätig werden.

Ein Kind, das von anderen körperlich bedoht, attackiert oder gemobbt wird, fühlt sich oft minderwertig und hoffnungslos. Sein Selbstbehauptungswille und sein Selbstbewusstsein leiden unter den Attacken.

Andererseits ist auch die Lage der Täter alles andere als rosig. Ihre Aggression entspringt oft Gefühlen der Inkompetenz, der Einsamkeit und Zurückweisung. Darum müssen wir auch diese Kinder mitfühlend betrachten. Wenn wir sie nur bestrafen, verstärken wir den Teufelskreis von Minderwertigkeitsgefühlen und Gewalt.

Die folgenden Übungen können dabei helfen, aggressive Kinder freundlicher zu machen und die Opfer mutiger. Sie können Streitschlichter inspirieren. Alle Teilnehmer bekommen Gelegenheit, die Beziehung von Opfer und Täter etwas objektiver zu sehen und nach neuen Verhaltensweisen zu suchen.

Schläger

Das Problem asozialen Verhaltens lässt sich nie durch Gegengewalt lösen. Es muss immer etwas Positives hinzukommen, nämlich Verständnis für den Aggressor. Erst wenn sich die soziale Situation dieser Kinder ändert, kann ihr Bedürfnis abnehmen, andere zu unterdrücken.

Hier versuchen wir den Kindern das Prinzip nahezubringen: Negativität erzeugt noch mehr Negativität.

Mach es dir auf deinem Platz bequem und schließ die Augen. Atme ein Mal langsam aus.

Stell dir vor, dass du ein Schläger bist, reizbar und aggressiv.

Was tust du dann in deiner Klasse und in deiner Schule?

Wen suchst du dir als Opfer aus?

Wie muss das Kind sein, das du dir als Opfer aussuchst?

Gibt es an der Schule Kinder, an die du dich nie heranwagen würdest?

Kannst du dir vorstellen, mit welchen Gedanken und Gefühlen ein solcher Schläger aufwacht bzw. einschläft?

Wie sieht es im Herzen eines «Brutalos» aus?

Wie wird man zum Schläger?

Opferrolle

Es ist eine alte Erkenntnis der Verbrechenspsychologie, dass unsicheres und ängstliches Verhalten Gewalttäter magisch anzieht. Hier erwarten sie weder Widerstand noch kreative Gegenmanöver. Da ein gewaltbereites Kind selbst innerlich ängstlich und unsicher ist, wagt es sich eher nicht an Kinder heran, die ihm kompetent und selbstsicher erscheinen.

Mach es dir auf dir auf deinem Platz bequem und schließ die Augen. Atme ein Mal langsam aus.

Stell dir vor, dass du das Opfer einer Gruppe von aggressiven Typen bist.

Wer ist der Anführer bei der Attacke?

Wie verhalten sich die Mitmacher?

Aus welchen Gründen haben sie dich ausgesucht?

Was fühlst du?

Was machst du?

Beleidigung

Beleidigungen sind verbale Gewalt. Für manche Kinder sind sie schlimmer als ein physischer Angriff. Die Gefahr besteht für den Beleidigten darin, dass er sich provozieren lässt. Ein Gegenangriff, verbal oder physisch, bringt zahlreiche Risiken mit sich. Die Kinder sollten in der Lage sein, Alternativen zu entwickeln, die eine Entspannung der Situation herbeiführen können.

Mach es dir auf deinem Platz bequem und schließ die Augen. Atme ein Mal langsam aus.

Höre, wie ein anderes Kind dir ein Schimpfwort zuruft. Vielleicht ist das sogar dein Bruder oder deine Schwester.

Welches Schimpfwort hörst du?

Was spürst du dabei?

Denk darüber nach, warum dieses Kind dich beschimpft hat. Sollst du dich ärgern?

Will es davon ablenken, dass es sich selbst klein und minderwertig fühlt?

Was würdest du jetzt am liebsten tun?

Würdest du dich am liebsten auf dieses Kind stürzen?

Weißt du, wie du deine Gefühle schnell unter Kontrolle bringen kannst?

Atme ein Mal langsam aus.

Was machst du nun, nachdem du dich etwas beruhigt hast?

Katz und Maus

Hier geben wir den Kindern Gelegenheit, die ganze Dynamik von Verfolgung, Angriff, Flucht und Rettung in der Phantasie zu erleben. Die wechselnden Perspektiven sollen es den Kindern ermöglichen, flexibler zu reagieren.

Mach es dir auf deinem Platz bequem und schließ die Augen. Atme ein Mal langsam aus.

Stell dir vor, dass du eine Katze bist, die eine Maus jagt. Was geschieht bei dieser Jagd?

Nun sei die Maus und erzähle, was jetzt geschieht und wie dir zumute ist.

Nun sei das Mauseloch, in das sich die Maus flüchten kann.

Wie gefällt es dir, das Mauseloch zu sein?

Hast du selbst so ein Mauseloch?

Wie funktioniert es?

Die Stechmücke

Diese Imagination kann den Kindern noch einmal die eigenen aggressiven Bedürfnisse vor Augen führen. Im Unterschied zu den aggressiven Computerspielen ist eine aktive Imagination hilfreich. Hier gibt es eine Balance zwischen Emotion und Einsicht und jeder aggressive Akt wird vom eigenen wachen Bewusstsein begleitet.

Mach es dir auf deinem Platz bequem und schließ die Augen. Atme ein Mal langsam aus.

Stell dir vor, dass du eine Stechmücke bist.

Wie sieht dein Leben als Stechmücke aus?

Was tun Tiere und Menschen, wenn sie dich herankommen hören?

Ist es schön, eine Stechmücke zu sein? (Pause)

Wessen Blut würdest du gern probieren?

Die Hexe

Beim Mobbing geht es auch um Macht. Der Aggressor möchte Macht ausüben und das Opfer fühlt sich machtlos. Im Idealfall würde der Mobber seine Macht aufgeben und lernen, liebevoll zu sein und die Opfer müssten entdecken, dass sie selbst sehr viel stärker und einflussreicher sind, als sie bisher glaubten. Wir transportieren diese psychologische Entwicklung in das Reich der magischen Kräfte. Auf diesem Wege können die Kinder entdecken, dass Fragen von Macht und Liebe nicht nur im alltäglichen Mobbing vorkommen, sondern dass es eine Thematik ist, die uralt ist und mit der sich jede Generation neu auseinandersetzen muss. Sobald die Kinder die Gewaltproblematik aus einem größeren Abstand sehen, können sie sich von der lähmenden Kraft der Selbstvorwürfe befreien.

Mach es dir auf deinem Platz bequem und schließ die Augen.

Atme ein Mal langsam aus.

Stell dir vor, dass du die Hexe oder der Zauberer aus dem Märchen bist.

Was tust du jeden Tag?

Wie gefällt dir dein Leben?

Gibt es etwas, wovor du selbst Angst hast?

Kannst du die Macht genießen, die dir gegeben ist?

Gibt es Situationen, in denen du machtlos bist?

Gibt es irgendein Wesen, das dich liebt?

Gibt es jemanden, den du in dein Herz geschlossen hast und liebst?

Wenn du es satt hast, Hexe oder Zauberer zu sein, welche Figur aus dem Märchen würdest du gern verkörpern?

Was macht diese Rolle für dich reizvoll?

Kapitel 3
Erfolg in der Schule

GEDÄCHTNISTRAINING

Schulerfolg hängt auch davon ab, inwieweit die Kinder sich auf ihr Gedächtnis verlassen können. In früheren Zeiten war es üblich, dass in der Schule Gedichte, Lieder und längere Monologe auswendig gelernt wurdenen. Auf diese Weise wurde das Gedächtnis trainiert. Da dies heute nicht mehr praktiziert wird, müssen wir andere Möglichkeiten suchen, das Gedächtnis der Kinder in Schwung zu bringen.

Jüngere Schüler lieben einfache Gedächtnisexperimente wie sie im folgenden Abschnitt vorgestellt werden.

Am Anfang jeder Übung sagen Sie bitte Folgendes:

«Mach es dir auf deinem Stuhl bequem… Stell die Füße nebeneinander, leg die Hände auf die Knie mit den Handflächen nach oben… Schließ die Augen und halte sie so lange geschlossen, bis ich dir sage: Augen auf!… Das wird ca. zwei Minuten dauern.

Nun atme drei Mal langsam aus. Lass die Luft hörbar aus deinem Mund strömen…»

Am Ende jeder Übung erfolgt der rituelle Abschluss: «Atme ein Mal aus und öffne deine Augen…»

Kim-Spiel

Dieses alte Gesellschaftsspiel ist ein echter Evergreen. Es spricht den sportlichen Ehrgeiz von Kindern und Erwachsenen an. Es unterhält die Teilnehmer, wenn es in einer Gruppe gespielt wird und trainiert gleichzeitig unser Gedächtnis. Voraussetzung für den Erfolg ist neben gesundem Ehrgeiz die Fähigkeit zur Konzentration.

Mach es dir auf deinem Platz bequem und schließ die Augen. Atme ein Mal langsam aus.

Sieh ein Tablett, auf dem verschiedene Dinge liegen. (Pause)

Nun stell dir vor, dass über das Tablett ein Tuch gelegt wird.

Kannst du dich an die Gegenstände erinnern, die unter dem Tuch liegen? (Pause)

Atme ein Mal langsam aus.

Nimm das Tuch vom Tablett und betrachte die Gegenstände erneut.

Fehlt irgendetwas?

Ist etwas dazu gekommen?

(Dieses Spiel kannst du auch zu Hause mit Freunden oder deiner Familie spielen. Mit einem echten Tablett und realen Gegenständen bringt es sehr viel Spaß.)

Ein Gedicht lesen

Diese Imagination hat vor allem das Ziel, das Prinzip der kleinen Schritte vorzustellen und die Überzeugung zu verankern, dass planmäßiges Wiederholen zum Erfolg führt.

Mach es dir auf deinem Platz bequem und schließ die Augen. Atme ein Mal langsam aus.

Stell dir vor, dass es Montag ist und dass du die ersten zwei Zeilen von einem Gedicht liest.

Du hast dieses Gedicht sehr gern, darum liest du am Dienstag im Ganzen vier Zeilen, die ersten beiden, die du schon kennst und noch zwei dazu.

Am Mittwoch liest du fünf Zeilen, die vier, die du schon kennst und noch eine dazu.

Am Donnerstag liest du sechs Zeilen.

Am Freitag nimmst du zwei neue Zeilen dazu; im Ganzen sind es nun acht Zeilen.

Stell dir vor, dass du das drei Wochen lang so machst.

Bemerke, wie dein Gedächtnis besser geworden ist.

Erweiterung: Zum Schluss sollten Sie den Kindern Gelegenheit geben, ihr Gedächtnis zu testen. Lassen Sie sie Gedichte, Lieder, Songtexte, Sprichwörter aufschreiben, die ihnen einfallen und die ihr Gedächtnis für sie aufbewahrt hat. Es ist völlig in Ordnung, wenn auch Fragmente dabei sind. Entscheidend ist das Erlebnis: «Mein Gedächtnis ist besser als ich glaubte.»

Erinnerungen, plus – minus

*Unser Gedächtnis arbeitet nicht vollständig objektiv. Das zeigt sich z. B.
vor Gericht, wenn Zeugen befragt werden. Unsere Gefühle, unsere Hoffnungen und unsere Lebenseinstellung entscheiden, wie wir uns an Erlebtes
erinnern. Außerdem verfügt unser Gehirn über zwei bemerkenswerte Strategien: Wir können im Rückblick auch in negativen Erinnerungen etwas
Positives erblicken und sie dementsprechend umformen. Und wenn wir uns
an schöne Vorkommnisse erinnern, dann erleben wir dieselben Gefühle des
Glücks erneut. Positive Erinnerungen können therapeutisch wirken. Es ist
deshalb hilfreich, wenn Kinder lernen, ihre schönen Erinnerungen immer
wieder wachzurufen. Das stärkt ihre Vitalität und ihren Optimismus.*

Mach es dir auf deinem Stuhl bequem und schließ die Augen. Atme ein
Mal langsam aus.
Stell dir vor, dass du auf einen Fernsehschirm schaust, der all die Szenen
zeigt, in denen du dich über jemanden in deiner Familie geärgert hast, wo
du von jemandem enttäuscht oder verletzt wurdest.
Atme ein Mal langsam aus.
Nun stell dir vor, dass du auf dem Fernsehschirm all die guten Momente
siehst, wo du selbst zu deinen Geschwistern oder zu deinen Eltern richtig
nett gewesen bist.
Und jetzt sieh die Momente, in denen ein anderer Mensch dich freundlich
und liebevoll behandelt hat. Fang ganz weit hinten in der Vergangenheit an
und geh weiter, bis zum heutigen Tag.
Bemerke, dass du auch, was die guten Erinnerungen betrifft, dein Gedächtnis verbessern kannst.
Wie fühlst du dich jetzt?

Ferienerlebnis

*Bei Familientreffen und unter Freunden werden häufig positive Erinne-
rungen ausgetauscht. Dem liegt die Ahnung zugrunde, dass unsere guten
Erinnerungen das Potenzial haben, uns glückliche Momente in der Gegenwart zu schenken. Diese Auswirkung wird verstärkt, wenn ich mich dabei
konzentriere und die Vergangenheit wieder lebendig werden lasse. Deshalb ist es ein pädagogischer Kunstgriff, den schwierigen Montag mit der
Frage an die Klasse zu beginnen: «Was habt ihr an diesem Wochenende
Schönes erlebt?» Das schafft augenblicklich eine positive Atmosphäre.*

Mach es dir auf deinem Platz bequem und schließ die Augen. Atme ein Mal langsam aus.

Stell dir vor, dass du deinem besten Freund oder deiner besten Freundin von einem schönen Ferienerlebnis berichtest.

Wo hat sich dieses Erlebnis abgespielt?

Wann war das?

Was ist geschehen? (Pause)

Wie fühlst du dich jetzt?

Danken

Von herausragender Bedeutung sind Situationen für uns, bei denen wir deutlich spüren: Ich bin noch einmal davongekommen... Ein freundlicher Helfer... ein Schutzengel... oder eine rettende Macht hat mich gerettet...

Eine solche Erinnerung kann unsere Überzeugung stärken, in einer Welt zu leben, die es gut mit uns meint. Das wirkt gegen eine pessimistische Haltung. Diese positive Auswirkung der Erinnerung wird noch verstärkt, wenn wir den nächsten Schritt tun und uns bei unseren Wohltätern bedanken. Die Bereitschaft sich zu bedanken stärkt das Selbstwertgefühl. Darum müssen Eltern und Lehrer den Kindern immer wieder Gelegenheit geben, Dankbarkeit zu äußern.

Mach es dir auf deinem Platz bequem und schließ die Augen. Atme ein Mal langsam aus.

Bist du in deinem Leben schon einmal gerettet worden?

Atme ein Mal langsam aus.

Erinnere dich an Situationen, wo andere Menschen dir geholfen und dich aus einer schwierigen Lage befreit haben.

Stell dir diese Menschen vor, einen nach dem anderen.

Bedanke dich bei jedem. Was sagst du?

Wie fühlst du dich jetzt?

Ein Theaterstück erfinden

Hier wird das Gedächtnis der Kinder in besonders reizvoller Weise ange-
regt. Sie sollen aus einer ihnen bekannten Geschichte ein kleines Drama
gestalten. Das erfordert neben einer scharfen Erinnerung auch Kreativi-
tät, logisches Denken und die Fähigkeit der Integration.

Mach es dir auf deinem Platz bequem und schließ die Augen. Atme ein
Mal langsam aus.

Stell dir vor, dass du deinem Bruder oder deiner Schwester eine Geschichte erzählst, die du gelesen hast und die du sehr gern magst.

Atme ein Mal langsam aus.

Stell dir nun vor, dass du aus dieser Geschichte ein kleines Theaterstück
machst. Dieses Stück soll am Geburtstag deiner besten Freundin/deines
besten Freundes aufgeführt werden.

Wie viele Personen müssen mitspielen?

Wo spielt die Handlung?

Was sind die wichtigsten Ereignisse?

Beschreibe das Stück in deiner Phantasie in allen Einzelheiten.

Verschwunden

Kinder wie Erwachsene kennen diese kleinen Blackouts: Wir haben ver-
gessen, wo wir irgendein Objekt hingelegt haben. Kugelschreiber, Brillen,
Schlüssel, Bücher oder Hefte, Mütze, Handschuhe, Schuhe sind plötzlich
nicht aufzufinden. Wenn sich dann noch Panik einstellt, weil wir es eilig
haben, streikt das Gedächtnis noch hartnäckiger. Manchmal hilft eine
Pause, damit die Aufregung schwindet oder das Zurückspulen der Erinne-
rung Schritt für Schritt möglich wird. Bewährt ist langsames Gehen durch
die Wohnung, weil Erinnerung und Motorik dasselbe Hirnareal benutzen.

Mach es dir auf einem Platz bequem und schließ die Augen. Atme ein Mal
langsam aus.

Du musst morgens zur Schule aufbrechen, aber du kannst dein Heft mit
den Hausaufgaben nicht finden.

Ohne Heft kannst du nicht losgehen.

Was machst du?

Wo suchst du das Heft?

Wie fühlst du dich?

Wo findest du es schließlich?

Nun geh glücklich los.

Sag zu deinem Gedächtnis: «Danke, dass du mich nicht im Stich gelassen hast.»

Frühstück, heute Morgen

Zu Trainingszwecken können wir alles einbeziehen: Was wir in den ersten fünf Minuten des heutigen Tages gemacht haben, was wir beim Blick aus dem Fenster gesehen haben oder was wir zum Frühstück gegessen haben.

Mach es dir auf deinem Platz bequem und schließ die Augen. Atme ein Mal langsam aus.

Sieh dich selbst, wie du heute Morgen beim Frühstück gesessen hast. Was hast du gegessen und getrunken?

Dann zähle in der Phantasie alle Dinge auf, die sonst noch auf dem Frühstückstisch standen. Versuche nichts auszulassen. (Pause)

Und nun sieh den Frühstückstisch vor dir, an dem deine Familie Sonntags sitzt.

Was steht alles auf diesem sonntäglichen Frühstückstisch?

Erster Schultag

Viele Menschen können sich an ihren ersten Schultag erinnern. Für manche war es ein positiver Schritt aus der Kleinkindzeit hinaus. Für andere wiederum der Eintritt in eine fremde Welt oder das Ende einer wunderschönen Freiheit. Die emotionale Tönung der Erinnerung kann sehr unterschiedlich sein. Für alle aber gilt: Mit der Schulzeit beginnt auch eine gewisse Fremdbestimmung für das Gedächtnis. Jetzt müssen sich die Kinder an die Dinge erinnern, die vom Lehrer oder vom Lehrplan für wichtig gehalten werden. Für manche Kinder ist das nicht einfach.

Mach es dir auf deinem Stuhl bequem und schließ die Augen. Atme ein Mal langsam aus.

Sieh dich an deinem ersten Schultag.

Betrachte deine Kleidung.

Was trägt der Lehrer bzw. die Lehrerin?

Was denkst du über deinen Lehrer?

Wie sieht das Klassenzimmer aus?
Wie fühlst du dich?

Die erste Geschichte

Oft erinnern wir uns an jene Geschichten besonders gut, die wir als erste im Leben gehört haben. Eine ganze Geschichte mit Anfang, Problemteil und Ende öffnet den Blick in eine neue Welt der Herausforderung, des Abenteuers und des Schicksals. Diese frühen Geschichten bilden den Nährboden für unsere Phantasie und für unsere Erwartungen an das Leben.

Mach es dir auf deinem Platz bequem und schließ die Augen. Atme ein Mal langsam aus.
Erinnere dich an die erste Geschichte, die man dir erzählt oder vorgelesen hat. Wer hat sie dir erzählt/vorgelesen?
Höre, wie du diese Geschichte jetzt einem Freund erzählst.
Wie fängt die Geschichte an?
Was geschieht darin?
Wie geht die Geschichte zu Ende?
Wie fühlst du dich, wenn du diese Geschichte erzählst?

In einem fernen Land

Hier können Erinnerungsstücke aus verschiedenen Quellen miteinander vermischt werden, um etwas Neues daraus zu schaffen. Diese Vorgehensweise ist gleichzeitig ein Beispiel für unseren kreativen Umgang mit der Erinnerung.

Mach es dir auf deinem Platz bequem und schließ die Augen. Atme ein Mal langsam aus.
Stell dir vor, dass du auf einer Reise zu fernen Völkern bist. Hier gibt es keinen elektrischen Strom, kein Kino, kein Fernsehen und keine Bücher. Zur Unterhaltung werden abends am Feuer Geschichten erzählt.
Höre, wie ein alter Mann oder eine alte Frau eine solche Geschichte erzählt. Wunderbarerweise kannst du die Worte verstehen.
Wovon handelt diese Geschichte?
Was geschieht?
Wie fühlst du dich beim Zuhören?

ZENSUREN

Kinder verbringen viele Stunden in der Schule. Wenn ein Schüler gute Leistungen zeigt, dann sind alle zufrieden. Aber wenn ein Kind sich zum schlechten Schüler entwickelt, dann geraten die Erwachsenen in Aufregung. Die Eltern werden nervös, die Lehrer schlagen die Hände über dem Kopf zusammen. Manche schlechten Schüler langweilen sich und stören den Unterricht. Manche Schüler sind begabt und haben trotzdem schlechte Noten. Oft weiß niemand, wie es dazu kommt. Diese Schüler sind nicht besonders glücklich.

Am glücklichsten sind die Kinder, die neugierig sind und die sich für vieles interessieren. Vielleicht fotografieren sie gern, sammeln Briefmarken oder beobachten Vögel. Das motiviert sie, alles zu lernen, was sie für ihr Hobby brauchen.

Es gibt gewichtige Gründe, am Nutzen von Zensuren zu zweifeln. Bis heute sind sie eine pädagogische Notlösung.

Stolz sein

Stolz kann ein wichtiges Gefühl sein. Stolz kann ein hilfreicher Ansporn sein, Schwierigkeiten auf sich zu nehmen und Opfer zu bringen. Stolz ist ein sehr persönliches Gefühl, das besonderen Wert dadurch erhält, wenn es mit Bescheidenheit und Hilfsbereitschaft kombiniert wird.

Mach es dir auf deinem Platz bequem und schließ die Augen. Atme ein Mal langsam aus.
Denk an einen Tag zurück, wo du besonders stolz auf dich gewesen bist. (Pause)
Stell dir vor, dass das Ereignis in diesem Augenblick noch einmal stattfindet. Du fühlst dich genauso wie damals.
Erzähle, was geschieht.
Können andere bemerken, dass du stolz bist auf dich?
Woran können sie das erkennen?

Anerkennung

Kinder und Erwachsene wünschen sich Anerkennung von Gleichgestellten und von Autoritäten. Wir fühlen uns dann beachtet, verstanden, respektiert und gemocht. Das versetzt uns in die Lage, dieselben Gefühle auch anderen entgegenzubringen. Kinder und Erwachsene, die auf dieses Echo verzichten müssen, sind in der Gefahr, mit Ersatzgefühlen zu reagieren, depressiv oder aggressiv zu werden.

Mach es dir auf deinem Platz bequem und schließ die Augen. Atme ein Mal langsam aus.

Stell dir vor, dass du in deinem Klassenzimmer bist.

Höre, wie deine Lehrerin/dein Lehrer dich für irgendetwas lobt, was du getan hast. Wofür wirst du gelobt?

Vielleicht hast du eine schwierige Frage richtig beantwortet.

Vielleicht hast du einem anderen Kind geholfen.

Vielleicht hast du einen Streit zwischen zwei Mitschülern geschlichtet.

Stell dir vor, dass du nach Hause gehst und deiner Mutter oder deinem Vater erzählst, was deine Lehrerin/dein Lehrer gesagt hat.

Wie fühlst du dich dabei?

Königsthron

Ebenso wichtig ist positives Feedback von den Klassenkameraden, die dabei weniger auf akademische Leistung achten, als auf andere Qualitäten.

Mach es dir auf deinem Platz bequem und schließ die Augen. Atme ein Mal langsam aus.

Stell dir vor, dass in deiner Klasse das Spiel «Königsthron» gespielt wird.

Immer ein Kind darf dort Platz nehmen.

Die anderen Kinder sprechen aus, was ihnen an dem Kind auf dem Thron gefällt.

Stell dir vor, dass du auf dem Thron sitzt.

Was sagen deine Klassenkameraden zu dir?

Was mögen sie an dir?

Was schätzen sie an dir?

Was macht dich sympathisch?

Wofür respektieren sie dich?

Wie fühlst du dich, wenn du all diese guten Dinge hörst?

Gute Zensuren

In unserer Leistungsgesellschaft sind gute Zensuren eine gewisse Garantie dafür, später Arbeit zu finden. Darum liegt es im Interesse der Kinder, dass sie sich anstrengen, um diese Voraussetzung zu erfüllen.
Gleichzeitig sollten sie lernen, dass es Qualitäten gibt, die wichtiger sind als gute Zensuren. Das können auch kleine Kinder schon verstehen.

Mach es dir auf deinem Platz bequem und schließ die Augen. Atme ein Mal langsam aus.
Stell dir vor, dass du in einem Schulfach eine gute Zensur bekommst. Um welches Schulfach handelt es sich?
Aus welchen Gründen bekommst du in diesem Fach eine gute Zensur?
Könntest du auch in anderen Schulfächern bessere Zensuren haben?
Wie wäre das möglich?
Gibt es etwas an deiner Person, was wertvoller ist als eine gute Zensur?
Was ist das?
Wer weiß von dir, dass du diese Eigenschaft hast?

Eine schlechte Zensur verbessern

Kinder sollten möglichst selten Gefühle von Hilflosigkeit und Unabänderlichkeit erleben müssen. Es gibt vieles, was sie kontrollieren und verbessern können, dazu gehören in gewissen Grenzen auch schlechte Zensuren.

Mach es dir auf deinem Platz bequem und schließ die Augen. Atme ein Mal langsam aus.
Stell dir vor, dass du in einem Fach eine schlechte Zensur bekommst. Um welches Fach handelt es sich?
Denk über die Gründe nach, weshalb du diese schlechte Zensur bekommen hast.
Atme ein Mal langsam aus.
Höre dir zu, wenn du darüber nachdenkst, was du tun musst, um in diesem Fach endlich einmal eine bessere Note zu bekommen.
Was sagst du?
Was tust du?

Training ist alles

In der Imagination können wir in unserem Gehirn die Pfade anlegen für unser späteres Verhalten. Das mentale Ausprobieren lässt uns daran glauben, dass unsere Strategie funktionieren könnte. Gleichzeitig prägen wir uns notwendige Teilschritte ein.

Mach es dir auf deinem Platz bequem und schließ die Augen. Atme ein Mal langsam aus.

Stell dir vor, dass du all die Dinge tust, von denen du dir gesagt hast, dass sie zu einer besseren Zensur führen.

Und stell dir vor, dass du dann die Zensur bekommst, die du dir gewünscht hast.

Nun stell dir vor, dass du diese Dinge nicht nur einmal tust, sondern immer wieder.

Sieh vor dir, wie deine Lehrerin/dein Lehrer dir dann die Zensur gibt, die du gern bekommen möchtest.

An sich selbst glauben

Imaginationen arbeiten mit der Vorstellung von der sich selbst erfüllenden Prophezeiung. Ich kann meine Erfolgsaussichten wesentlich verbessern, wenn ich mir realistische Ziele setze, angemessen trainiere und dabei an einen Erfolg glaube. Pessimismus und Hoffnungslosigkeit führen mit großer Sicherheit zu Misserfolg. Entscheidend sind aber in jedem Fall der persönliche Einsatz, das Training. Insofern muss der Optimismus eine praktische Grundlage haben. Er ist keine Methode, um Arbeit zu sparen. Diesen Zusammenhang sollten die Kinder früh von Eltern und Lehrern lernen.

Mach es dir auf deinem Platz bequem und schließ die Augen. Atme ein Mal langsam aus.

Denk an einen Test in der Schule, an eine Klassenarbeit oder eine Hausarbeit.

Welche Zensur möchtest du dafür bekommen?

Beobachte dich bei der Arbeit und bemerke, dass du alle Fragen beantworten kannst. Sieh, wie du mit Ruhe und Optimismus deine Antworten aufschreibst.

Atme ein Mal langsam aus.

Nun stell dir vor, dass du deine Arbeit zurückbekommst.

Sieh ganz deutlich die Zensur unter deiner Arbeit, genau die Zensur, die du bekommen wolltest.

Wenn du an dich selbst glaubst, kannst du dein Wissen und deine Begabung besser einsetzen.

Dankbarkeit

Dankbarkeit hat integrierende Kraft und erzeugt Optimismus. In diesem Sinne kommt der folgenden Übung große Bedeutung zu. Sie sollte in Abständen wiederholt werden.

Mach es dir auf deinem Platz bequem und schließ die Augen. Atme ein Mal langsam aus.

Wofür bist du in deinem Leben dankbar?

Arbeitet dein Verstand zuverlässig?

Hast du besondere Charakterstärken?

Bist du hilfsbereit?

Bist du neugierig?

Hast du einen langen Atem?

Ist dein Körper stark und geschickt?

Hast du künstlerische Begabungen?

Was findest du sonst noch gut an dir?

Welche guten Dinge hast du von deinen Eltern geerbt?

Welche guten Dinge hat das Schicksal dir geschenkt?

Welche guten Dinge hast du dir selbst erarbeitet?

Vorlieben

Wir wissen inzwischen, dass die Person des Lehrers für den Schulerfolg große Bedeutung hat. Leider können die Kinder in den seltensten Fällen ihre Lehrer frei wählen. In dieser Übung können sie sich Gedanken darüber machen, welche Lehrerpersönlichkeit ihnen positive Gefühle schenkt.

Mach es dir auf deinem Platz bequem und schließ die Augen. Atme ein Mal langsam aus.

Was hättest du lieber: Einen strengen, aber gerechten Lehrer?

Einen freundlichen Lehrer, der manchmal wütend wird?

Einen jungen oder einen alten Lehrer?
Was sind die Gründe für deine Wahl?

Lesen und Schreiben

Viele Kinder haben Wahrnehmungsschwierigkeiten. Dies ist oft der Grund für mangelnde Lesekompetenz. Mit Hilfe der Imagination können wir unsere Wahrnehmung trainieren.

Mach es dir auf deinem Platz bequem und schließ die Augen. Atme ein Mal langsam aus.
Stell dir vor, dass du in deinem Kopf einen Bildschirm hast.
Schau dir zu, wie du einzelne Wörter auf diesen Bildschirm schreibst.
Nun lies die Wörter, die du geschrieben hast.
Lies sie vorwärts und lies sie rückwärts.
Jetzt hast du eine Menge verschiedener Wörter auf den Bildschirm in deinem Kopf geschrieben.
Wenn du einen Test schreiben musst, kannst du sie dort ablesen und korrekt benutzen.

GEDULD

Für den Erfolg in der Schule ist Geduld unverzichtbar. Leider sind viele Kinder ungeduldig. Auch intelligente Kinder scheitern, wenn sie zu wenig Geduld haben.

Geduld kann man zum Glück trainieren. Eltern und Lehrer sollten Vorbilder sein. Misserfolge begleiten unseren Weg zum Gelingen. In zahlreichen Versuchen müssen wir uns Fertigkeiten, Methoden und Kenntnisse aneignen.

Die folgenden Imaginationen helfen Kindern, sich zu konzentrieren, mit kleinen Schritten zufrieden zu sein und ihr Ziel im Auge zu behalten.

Das Samenkorn

Geduld können Kinder auch von der Natur lernen. So geht z.B. das Wachstum der Pflanzen sehr langsam vonstatten. Der Anfang im Leben einer Pflanze ist oft unsichtbar und wir müssen geduldig abwarten, bis wir endlich sehen können, dass die Saat aufgeht.

Die Kinder üben sich in Geduld, wenn sie in der Klasse das hier beschriebene Experiment mit einem realen Samenkorn durchführen dürfen.

Mach es dir auf deinem Platz bequem und schließ die Augen. Atme ein Mal langsam aus.

Stell dir vor, dass du einen Sonnenblumenkern in die Erde legst. Du begießt ihn täglich mit etwas Wasser.

Zunächst sieht es aus, als ob nichts passiert. Aber du weißt es besser.

Das Samenkorn saugt sich mit Feuchtigkeit voll. Du weißt, dass du Geduld haben musst.

Regelmäßig begießt du die Erde mit Wasser. Du glaubst an das Samenkorn.

Endlich siehst du ein grünes Blättchen.

Du gibst der kleinen Pflanze geduldig Wasser, bis sich das zweite Blättchen zeigt. Und so sorgst du jeden Tag für die kleine Pflanze.

Eines Tages erkennst du die erste Knospe.

Du weißt, dass dies einmal eine Blüte sein wird.
Auch darauf musst du geduldig warten.
Zur rechten Zeit wird aus der grünen Pflanze eine Blume.

Langsam essen

Viele von uns nehmen sich zu wenig Zeit zum Essen. In Eile konsumieren sie «Fast Food», das aus der Fabrik kommt. Auf diese Weise geht das Geschmackserlebnis verloren, das wir vor allem dann haben, wenn wir in Ruhe essen, was frisch zubereitet wurde.
Schnelles, gedankenloses Essen kann niemanden emotional zufriedenstellen. Oft wird darum mehr gegessen als nötig. Immer mehr Menschen, leider auch Kinder und Jugendliche, werden auf diese Weise übergewichtig.
Deshalb sollten schon Kinder lernen, selbst Speisen zuzubereiten. Nur so können die Essgewohnheiten nachhaltig verändert werden.
Hier beschränken wir uns auf imaginäres, langsames Essen, was immerhin ein erster Schritt zu einem größeren Essgenuss sein kann.

Mach es dir auf deinem Platz bequem und schließ die Augen. Atme ein Mal langsam aus.
Stell dir vor, dass du ganz langsam deine Lieblingsspeise isst.
Wie gefällt das deinem Mund?
Was schmeckst du?
Was ist anders?

Die Schnecke

Dieses Tier ist ein altes Symbol für Langsamkeit, Vorsicht und Verletzlichkeit. Anders als der Mensch kann die Schnecke ihre Geschwindigkeit nur geringfügig verändern. Sie kann die Kinder aber daran erinnern, dass Langsamkeit manchmal rettend sein kann.

Mach es dir auf deinem Platz bequem und schließ die Augen. Atme ein Mal langsam aus.
Du bist im Garten und siehst einer Schnecke zu.
Kannst du dir vorstellen, wie sich die Schnecke mit ihrem Schneckentempo fühlt?
Wenn wir die Gedanken der Schnecke hören könnten, was würde die

Schnecke dann sagen?
Bist du manchmal absichtlich langsam?
Hat dich Langsamkeit schon einmal vor Schaden bewahrt?
Kannst du auch schnell sein?
Bemerkst du dein eigenes Tempo?

Rote Ampel

Für viele Erwachsene ist die rote Ampel ein Auslöser für Ungeduld, Ärger oder sogar Zorn. Die Kinder erleben die emotionalen Reaktionen ihrer Eltern mit. Und manche werden später selbst ein Opfer jener emotionalen Störung, die von Verkehrspsychologen «Road Rage» genannt wird. Wenn sich die Verkehrsteilnehmer wirklich auf ihre Gefühle verlassen würden, dann wäre der Verkehr langsamer, und es wären weniger Fahrzeuge auf den Straßen. Unser Überlebensinstinkt würde uns immer wieder mitteilen: langsam ist sicherer.

Mach es dir auf deinem Platz bequem und schließ die Augen. Atme ein Mal langsam aus.
Sei das rote Licht einer Verkehrsampel. Wenn du leuchtest, bringst du die Autos für eine Zeit zum Stehen.
Wie gefällt es dir, wenn du die Fahrer dazu bringst zu pausieren?
Welche Gedanken und Gefühle hast du als rotes Licht?
Wärst du lieber das grüne Licht?
Welche Gedanken und Gefühle hättest du dann?

Probe in Geduld und Toleranz

Zu einem Teil ist unser persönlicher Rhythmus durch unser Temperament genetisch festgelegt, aber wir sind in der Lage, unser Tempo zu verändern und ein breites, rhythmisches Spektrum zu erlernen.
Es gibt Kinder, die motorisch sehr langsam sind. Es hat wenig Sinn, diese Kinder anzutreiben.
Eine viel größere Zahl von Kindern ist zu schnell und impulsiv. Diese Kinder können lernen, sich bewusst zu bremsen und freiwillige Langsamkeit sogar zu genießen.

Mach es dir auf deinem Platz bequem und schließ die Augen. Atme ein Mal langsam aus.

Manchmal wird deine Geduld auf die Probe gestellt.

Du hast deine Hausaufgaben vollständig erledigt.

Da bemerkst du, dass dein kleiner Bruder oder deine kleine Schwester deine Arbeit in viele Teile zerrissen hat.

Du versuchst, den Schaden wiedergutzumachen.

Wie bei einem Puzzle fügst du die einzelnen Stücke aneinander.

Stück für Stück klebst du sie mit Klebstreifen zusammen.

Wie fühlst du dich dabei?

Bist du bereit, deiner Schwester/deinem Bruder zu verzeihen?

Das Geschenk

Einige bedeutsame Rituale verlangen Geduld von uns. Dazu gehört z. B. das Ritual des gemeinsamen Essens. Es wird erwartet, dass niemand vorzeitig beginnt, sondern dass alle zur selben Zeit gemeinsam anfangen. Ein anderes Ritual ist das Schenken. Geschenke zu Weihnachten oder zum Geburtstag sollen erst geöffnet werden, wenn der richtige Zeitpunkt gekommen ist und z. B. alle versammelt sind.

Für die Kinder entsteht eine Spannung zwischen Neugier und Disziplin, die die Freude an den Geschenken noch verstärken kann. Es ist wichtig, dass die Erwachsenen diese Rituale verteidigen. So lernen die Kinder auf angenehme Weise Selbstdisziplin.

Mach es dir auf deinem Platz bequem und schließ die Augen. Atme ein Mal langsam aus.

In der nächsten Woche hast du Geburtstag.

Ein Paket ist schon für dich angekommen. Du sollst es aber noch nicht öffnen.

Schaffst du es, ein paar Tage zu warten?

Was sagst du dir, damit du geduldig bleibst und kein Spielverderber bist?

Geheimnisvolle Botschaft

Viele Spiele trainieren Geduld, Geschicklichkeit und Konzentration, z. B. Mikado, Türme bauen aus Bauklötzen, das Bauen eines Kartenhauses und immer wieder das Zusammenfügen eines Puzzles. Hier handelt es sich um ein ganz besonderes Puzzle.

Mach es dir auf deinem Platz bequem und schließ die Augen. Atme ein Mal langsam aus.
Zu Ostern bekommst du von deinen Eltern ein selbst gebasteltes Puzzle.
Wenn es zusammengesetzt ist, zeigt es kein Bild, sondern Schrift.
Deine Eltern haben einen Satz auf einen Pappkarton geschrieben und ihn dann in Stücke geschnitten.
Was empfindest du beim Zusammenlegen des Puzzles?
Was geschieht?
Wie lautet der Satz, den deine Eltern für dich aufgeschrieben haben?

Das ägyptische Weizenkorn

In vielen Wissenschaften ist Geduld die Voraussetzung für Erfolg. Die Natur hat für viele Entwicklungen unendlich viel Zeit gebraucht, und wir müssen uns nicht genieren, wenn wir ebenfalls unsere Zeit brauchen. Das Hauptproblem besteht dabei weniger in der Wahl des richtigen Tempos, als im Verzicht auf überflüssige Aktivität.

Mach es dir auf deinem Platz bequem und schließ die Augen. Atme ein Mal langsam aus.
Du bist ein Weizenkorn.
Über 3000 Jahre hast du in der Grabkammer einer Pyramide geschlafen.
Ein Paläobiologe möchte testen, ob noch Leben in dir ist. Er legt dich in die Erde und sorgt dafür, dass die Erde feucht bleibt.
Wie fühlst du dich in der Erde?
Was geschieht?

ORDNUNG IST BESSER

Kinder haben von Natur aus ein Talent für Chaos. Sie sind spontan, neugierig, kreativ und manchmal auf kluge Weise chaotisch. Damit sie in unserer technisch geprägten Welt zurechtkommen, müssen sie lernen, Ordnung zu halten, Grenzen zu respektieren, Spielregeln zu beachten und für Transparenz zu sorgen.

Es scheint aber, dass Kinder auch ein Talent für Übersichtlichkeit haben. Am besten ist es, wenn sie die Möglichkeit bekommen, ihre eigene Ordnung zu entwickeln. Dann lernen sie die Kunst der Strukturierung ganz von selbst und gewinnen Lust an der Gestaltung. Das hilft ihnen wiederum, eine mentale Ordnung herzustellen.

Besonders beim Lesen und Schreiben, aber auch beim Umgang mit Zahlen ist die Beachtung von Ordnungsprinzipien unerlässlich. Kinder, die diese Kulturtechnik nicht meistern, haben große Nachteile. Andererseits trägt z. B. die Schrift auch dazu bei, Vorurteile, Irrtümer, Tabus oder Denkhemmungen weiterzugeben. Ein großes Problem unserer entwickelten Kultur ist der Mangel an Spontaneität und die Einschränkung der Gefühlswelt.

Kinder ahnen, dass zu viel Ordnung lebensfeindlich ist. Das war z. B. ein wesentlicher Grund, weshalb der amerikanische Hypnotherapeut Milton Erickson bestrebt war, für jeden Patienten einen eigenen Therapieansatz zu erfinden. Erickson hat viele Tausend Patienten behandelt, in den meisten Fällen erfolgreich.

Die vertauschten Schuhe

Die Unterscheidung zwischen links und rechts wird in den ersten Lebensjahren gelernt. Unsere symmetrisch angeordneten Hände ermöglichen die Entwicklung einer komplizierten Technologie. Gleichzeitig ist dies wohl eine der Voraussetzungen für unsere Neigung zum Dualismus.

Kinder zeigen uns oft eine erstaunliche Weisheit. So lieben sie z. B. das Spiel «Verkehrte Welt». Instinktiv spüren sie, dass sie an Freiheit gewinnen, wenn sie die Reihenfolge der Dinge verändern oder oben und unten vertauschen.

Mach es dir auf deinem Platz bequem und schließ die Augen. Atme ein Mal langsam aus.

Stell dir vor, dass du deine Schuhe beim Anziehen vertauscht hast. An deinem linken Fuß ist dein rechter Schuh und an deinem rechten Fuß ist dein linker Schuh.

Geh ein wenig mit den vertauschten Schuhen herum. Wie fühlt sich das für dich an?

Was kannst du jetzt machen? Auf welche Ideen kommst du?

Was geschieht?

Hinken

Kinder, die mit einer Behinderung geboren werden, lernen früh, diesen Nachteil so weit wie möglich zu kompensieren. Wenn sie sich allerdings mit «normalen» Kindern vergleichen, entwickeln sie dennoch oft das Gefühl, vom Leben unfair behandelt zu sein. Sie können dieses Bedauern leichter überwinden, wenn sie lernen, in ihrer Behinderung auch einen Vorteil zu sehen, z. B. in der Notwendigkeit, kreativ zu sein, entschlossen und reflektiert. Oft sind Menschen mit Behinderungen zu Schamanen geworden, zu Heilern oder Psychotherapeuten, die anderen helfen konnten, ihre emotionalen Probleme zu lösen.

Mach es dir auf deinem Platz bequem und schließ die Augen. Atme ein Mal langsam aus.

Stell dir vor, dass du an einem Fuß einen Schuh trägst, der einen hohen Absatz hat.

Am anderen Fuß trägst du einen Schuh mit flachem Absatz.

Was geschieht nun beim Gehen?

Wie fühlst du dich dabei?

Welche Nachteile entstehen durch die unterschiedlich langen Beine?

Kannst du dir irgendeinen Vorteil vorstellen?

Kennst du Menschen, die mit einer ständigen Behinderung leben müssen?

Wie glücklich können diese Menschen sein?

Verkehrt angezogen

Kinder haben großes Vergnügen daran, sich zu verkleiden und dabei auch schrille Kombinationen zu wagen. Im Alltag sind die meisten Kinder eher bestrebt, sich «korrekt» zu kleiden und nicht aus dem Rahmen zu fallen. Beide Tendenzen sollen in dieser Imagination gewürdigt werden.

Mach es dir auf deinem Platz bequem und schließ die Augen. Atme ein Mal langsam aus.

Stell dir vor, dass du einen Pullover oder ein Kleid verkehrt herum trägst – die Rückseite nach vorn.

Was würde geschehen?

Wie fühlst du dich?

Atme ein Mal langsam aus.

Stell dir vor, dass du deinen Pullover oder dein Kleid mit der Innenseite nach außen angezogen hast.

Wie fühlt sich das an?

Ist dieser Fehler weniger unangenehm?

Und nun stell dir vor, dass du dich für den Karneval verkleiden darfst. Du kannst anziehen, was du willst. Du kannst dich sogar so anziehen, wie es vor dir noch niemand getan hat.

Lass dir Zeit, dich so zu verkleiden, dass selbst deine besten Freunde dich nicht erkennen.

Und nun tritt vor einen großen Spiegel und betrachte dich.

Womit hast du dich verkleidet?

Wie fühlst du dich darin?

Sinn für Stil

Die meisten kleinen Mädchen entwickeln früh ihren Sinn für Schönheit. Schon mit ungefähr drei Jahren möchten viele von ihnen entscheiden, was sie anziehen und welche Kleidungsstücke miteinander kombiniert werden sollen. Sie verfügen bereits über ein ästhetisches Urteil, das sie zum Teil übernommen, zum Teil aber auch persönlich entwickelt haben.

Für kleine Jungen ist die Situation etwas anders. Vielen ist ihr eigenes Erscheinungsbild ebenfalls wichtig. Andere brauchen sehr viel länger, um ihren eigenen ästhetischen Auftritt bewusst zu gestalten.

Das Thema des eigenen Erscheinungsbildes ist für Kinder und ihre Entwicklung überaus wichtig. Dabei geht es nicht nur um Fragen der Mode und der persönlichen Attraktivität, sondern um eine besondere Haltung zur Welt, in der so wichtige Dimensionen erfasst werden können, wie Staunen, Bewunderung, Schönheit und Begeisterung. Deshalb ist ein respektvoller Umgang mit den stilistischen Wünschen der Kinder außerordentlich wichtig. Hier geht es zunächst um das Thema Farben.

Mach es dir auf deinem Platz bequem und schließ die Augen. Atme ein Mal langsam aus.
Du trägst Kleidungsstücke, deren Farben für dein Gefühl nicht zusammenpassen.
Wie fühlt sich das für dich an?
Was geschieht?
Was unternimmst du?
Wie findest du heraus, welche Kleidungsstücke gut zusammenpassen?
Welches sind deine Lieblingsfarben?
Welche Farben passen gut zu dir – nach deiner Meinung, nach Meinung anderer?
Wie würdest du dich am liebsten anziehen, wenn du völlig frei wärst und auch Geld keine Rolle spielte?

Verkehrte Welt

Dies ist ein altes Kinderspiel, bei dem die Gesetze der Konvention und die Naturgesetze z. T. aufgehoben werden. Das sorgt für eine ungeahnte Beweglichkeit der Vorstellungskraft: Was geschieht, wenn die Schwerkraft nicht mehr wirkt? Was geschieht, wenn ein Mensch nicht mehr farbig, sondern nur noch schwarz-weiß sieht? Was würde geschehen, wenn wir morgens müde wären und abends quicklebendig und wach? In ihrer Bereitschaft zu Spontaneität und ihrer Experimentierlust sind solche Vorstellungen für Kinder sehr verlockend.

Mach es dir auf deinem Platz bequem und schließ die Augen. Atme ein Mal langsam aus.
Stell dir vor, dass du zum Abendbrot dein Frühstück bekommst.
Wie gefällt dir das?
Atme ein Mal langsam aus.
Stell dir vor, dass du am Morgen dein Mittagessen bekommst.
Wie findest du das?
Welche Auswirkungen hat diese Verwechslung?

Stell dir vor, dass ein Zauberer dein Lieblingsessen zubereitet hat. Es sieht genauso aus, wie du es gewohnt bist. Es lässt sich genau so leicht kauen und runterschlucken, wie du es kennst, aber es gibt einen Unterschied – es schmeckt nach gar nichts.

Was geschieht?

Wie findest du das?

Was machst du?

Was geschieht, wenn in einer Familie die Kinder bestimmen, was gemacht wird?

Was geschieht, wenn Tiere in allen Ländern der Erde die Regierung übernehmen?

Was geschieht, wenn es nicht mehr aufhört zu regnen?

Was geschieht, wenn die Menschen vergessen, wie man Liebe ausdrückt?

Was geschieht, wenn die Reichen ihr Vermögen mit den Armen brüderlich teilen?

(Wenn die Kinder Spaß an dieser mentalen Gymnastik haben, dann sollen sie Gelegenheit haben, selbst solche Fragen zu entwickeln: Welche verrückten Dinge möchtest du dir selbst ausdenken?)

Welchen Wochentag wählst du?

Auch Kinder sind den geheimnisvollen Gesetzen der Biochronologie unterworfen. Es gibt Stunden, in denen sie sich matt und deprimiert fühlen; es gibt Augenblicke, wo sie das Gefühl haben, sie könnten die Welt aus den Angeln heben; es gibt Jahreszeiten, wo sie sich müde und lustlos fühlen. In dieser Hinsicht unterscheiden sie sich kaum von uns Erwachsenen. Es ist wichtig, dass Kinder und Erwachsene diese Schwankungen des Lebensgefühls und der Vitalität bei sich akzeptieren.

Mach es dir auf deinem Platz bequem und schließ die Augen. Atme ein Mal langsam aus.

Stell dir vor, du könntest dir wünschen, dass die Woche mit einem Tag beginnt, den du auswählst.

Welchen Tag wählst du?

Warum hast du dich für diesen Wochentag entschieden?

Was geschieht an diesem Tag?

Gibt es Wochentage, die für dich Glückstage sind?

Gibt es Wochentage, an denen du mit Schwierigkeiten für dich rechnest?

Was bedeutet für dich der Montag?

Fällt es dir leicht, vom Wochenende auf den Schulalltag umzuschalten?
Sorgst du dafür, dass es besondere Tage für dich gibt:
• Tage der Ruhe,
• Tage der Einsamkeit,
• Tage des Abenteuers,
• Tage der Freundschaft?

SICH BREMSEN KÖNNEN

Eine Stärke vieler Kinder ist ihre Fähigkeit, spontan zu denken und zu handeln. Manche Kinder neigen jedoch zu impulsivem Verhalten. Sie regen sich leichter auf als andere, sie begeistern sich schneller, aber sie werden auch schneller wütend. Diese schnelle Reaktionsweise kann zu Schwierigkeiten führen. Das Kind kann sich und andere in Gefahr bringen oder es macht sich zum Außenseiter. Diese Kinder müssen lernen, eine Pause zu machen, wenn sie bemerken, dass ihre Gefühle zu galoppieren anfangen.

In den folgenden Imaginationen können die Kinder das üben. Dabei lernen sie, ihre Gefühle zu beobachten und deren Intensität zu steuern. Das hilft ihnen, mit anderen auszukommen und Selbstsicherheit zu entwickeln. Von großer Bedeutung ist dabei das Vorbild der Erwachsenen. Impulskontrolle ist auch auf Lernen durch positive Identifikation angewiesen.

Wenn man Kinder beobachtet, wird man schnell feststellen, dass sie die Gesellschaft von Erwachsenen vorziehen, die ausgeglichen sind, eine freundliche Atmosphäre verbreiten und Optimismus ausstrahlen.

Atmen

An verschiedenen Stellen habe ich bereits darauf hingewiesen, dass langsames Atmen, insbesondere das langsame Ausatmen, entspannend wirkt. Es ist wesentlich, dass die Kinder lernen, ihren Atem zu beobachten und ihn bewusst zu beeinflussen.

Mach es dir auf deinem Platz bequem und schließ die Augen.
Atme ein Mal langsam aus.
Jetzt achte bitte ganz genau auf deinen Atem. Bemerke die kurze Pause, die entsteht, wenn der Atem seine Richtung ändert.
Was geschieht, wenn du dich auf deinen Atem konzentrierst?
Was spürst du im Körper?
Was spürst du in deinem Geist?

Schmelzendes Eis

Etwas langsam zu tun, ist ein praktischer Schritt zur Impulskontrolle. Unter Stress besteht für Kinder und Erwachsene immer die Gefahr, dass sie hektisch reagieren. Wenn sie sich bewusst Zeit nehmen und die Situation kritisch überdenken, kommen sie leichter zu passenden Reaktionen. Das kann in der Phantasie stattfinden aber auch z. B. im Rahmen eines Rollenspiels.

Mach es dir auf deinem Platz bequem und schließ die Augen. Atme ein Mal langsam aus.

Stell dir einen Schneemann vor, der langsam schmilzt.

Beobachte, wie er kleiner und kleiner wird. Dafür wird die Wasserpfütze zu seinen Füßen größer und größer.

Wenn du dem schmelzenden Schneemann zuschaust, was denkst du dann und wie gefällt dir das?

Stell dir vor, dass du dich ganz langsam, in Zeitlupe bewegst.

Stell dir vor, dass du deinem Freund in Zeitlupe die Hand gibst.

Stell dir vor, dass du träumst und von einem Ungeheuer verfolgt wirst, aber du kannst dich nur ganz langsam bewegen.

Stell dir vor, dass du dein Lieblingsessen auf dem Teller hast, aber du kannst nur in Zeitlupe kauen.

Sei im Land der Langsamen und übernimm ihren Rhythmus. Wie gefällt dir das?

Das Pendel

Dies ist eine sehr schöne Technik, um aufgeregte Gefühle zur Ruhe zu bringen. Die dabei verwendete Vorstellung ist plausibel und unterhaltsam.

Mach es dir auf deinem Platz bequem und schließ die Augen. Atme ein Mal langsam aus.

Stell dir vor, dass du einen Faden mit einem Gewicht am Ende in der Hand hältst. Wir nennen diese einfache Konstruktion ein Pendel.

Beobachte, wie das Pendel schwingt:

• Manchmal schwingt das Pendel vor und zurück.

• Manchmal schwingt das Pendel zu den Seiten.

• Manchmal kreist das Pendel.

Versuche deine Hand so ruhig zu halten, dass das Pendel zum Stillstand kommt.

Achte darauf, was dabei in deinem Körper geschieht.

Was empfindest du? (Pause)

Du kannst diese Methode immer anwenden, wenn du eine innere Aufregung in ein Gefühl der Stärke umwandeln willst.

Langsam trinken

Viele Kinder und Erwachsene sind nicht in der Lage, das ganze Spektrum sinnlicher Eindrücke wahrzunehmen, wenn sie etwas essen oder trinken. Geschmack, Geruch oder das kinästhetische Empfinden beim Kauen werden vom Bewusstsein oft nur schwach registriert. Dadurch wird die Fähigkeit zum Genuss reduziert und die Signale des Magens werden ausgeblendet. Viele Kinder und Jugendliche nehmen aus diesem Grund ein Übermaß an Kalorien zu sich.

Kleine Übungen zum Essen und Trinken in Zeitlupe sind deshalb empfehlenswert. Sie sollten abwechselnd in der Imagination und in der Realität stattfinden.

Mach es dir auf deinem Platz bequem und schließ die Augen. Atme ein Mal langsam aus.

Stell dir vor, dass du ein Glas mit deinem Lieblingsgetränk in der Hand hältst.

Du bist durstig. Trotzdem trinkst du langsam und in winzig kleinen Schlucken. Du versuchst, deine Empfindungen beim Schlucken genau zu registrieren. Außerdem achtest du ganz genau auf den Geschmack und auf das Aroma deines Getränks.

Wie gefällt dir diese Art des Trinkens?

In der Wüste

Hier greifen wir das Thema der Langsamkeit noch einmal auf und verbinden es mit der Fähigkeit zur Selbstbeherrschung.

Mach es dir auf deinem Platz bequem und schließ die Augen. Atme ein Mal langsam aus.

Stell dir vor, du bist ganz allein auf einem Marsch durch die Wüste.

Die Sonne steht hoch am Himmel und dir ist sehr heiß.

Du hast eine Flasche Wasser bei dir. Man hat dir gesagt, dass das Wasser bis zur nächsten Oase reicht, wenn du in großen Abständen einen kleinen Schluck nimmst.

Stell dir vor, dass du versuchst, dieser Empfehlung zu folgen.

Bemerke deine Versuchung, mehr zu trinken.

Bemerke auch deine innere Stimme, die sagt: Halte dich zurück… nur kleine Schlucke… in Abständen…

Bemerke Gedanken, die dich ablenken wollen.

Bemerke deine Angst, zu wenig Wasser zu haben.

Was geht in deinem Gehirn vor?

Was empfindest du in dieser Situation? (Pause)

Sieh und erlebe, wie du endlich die Palmen der Oase erkennst und deinen Durst an der Quelle stillst.

Wie fühlst du dich jetzt?

Die Wendeltreppe

Dies ist eine hypnotisch wirkende Imagination, die Kindern und Erwachsenen helfen kann, aufgeregte Gefühle zu beruhigen.

Mach es dir auf deinem Platz bequem und schließ die Augen. Atme ein Mal langsam aus.

Stell dir vor, dass du am Kopf einer Wendeltreppe stehst.

In mehreren Kurven führt die Treppe Stufe um Stufe hinab.

Nur wer diese Treppe langsam hinabsteigt und dabei die Stufen zählt, wird die Überraschung finden, die unten auf ihn wartet.

Wer mit langsamen Schritten die unterste, die dreizehnte Stufe erreicht, der steht vor einer magischen Tür.

Schaffst du es, die Wendeltreppe so langsam hinabzusteigen, dass du die magische Tür findest?

Hinter der Tür wartet auf dich ein Erlebnis, das du dir schon immer gewünscht hast.

Was erlebst du, wenn du die Tür öffnest? (Pause)

Wie fühlst du dich jetzt?

Neugier

Manchmal ist es besser, die eigene Neugier zwar zu bemerken, aber ihr nicht unbedingt nachzugeben. Kinder geraten immer wieder in Versuchung, die ihnen gesetzten Grenzen zu überschreiten, weil ihr Wissensdurst unersättlich ist.

Mach es dir auf deinem Platz bequem und schließ die Augen. Atme ein Mal langsam aus.

Stell dir vor, dass du in ein fremdes Zimmer gehst.

Du möchtest eine Schublade öffnen, aber irgendetwas bremst dich, sodass du die Schublade geschlossen lässt.

Was fühlst du dabei?

Du möchtest alles anfassen, was auf dem Tisch liegt, aber du bremst dich und fasst nichts an.

Was geht dir dabei durch den Kopf?

Ist es schwer für dich, deine Neugier zu kontrollieren?

Das fremde Zimmer

Viele Kinder haben ein feines Gespür für Geheimnisse und Tabus. Wenn es in einer Familie oder in einer sozialen Gruppe wichtige Geheimnisse gibt, dann weckt das die Neugier der Kinder und sie werden den Schleier mit allen Mitteln lüften wollen.

Mach es dir auf deinem Platz bequem und schließ die Augen. Atme ein Mal langsam aus.

Stell dir vor, dass du in ein Zimmer gehst, in dem du vorher noch nie warst.

Du gehst herum und schaust dir alles an.

Eigentlich möchtest du die Dinge berühren, aber du bremst dich.

Was siehst du, was du eigentlich anfassen möchtest?

Was liegt alles auf dem Tisch?

Öffne irgendeine Schublade. Was findest du darin?

Schließ die Schublade wieder.

Lass die Dinge, die du in der Schublade entdeckt hast, noch einmal vor deinem inneren Auge erscheinen.

ABLENKUNGEN VERMEIDEN

Wir haben eine natürliche Tendenz, uns ablenken zu lassen. Manchmal entdecken wir auf diese Weise neue Menschen und Ideen, manchmal jedoch verlieren wir wichtige Ziele aus dem Auge.

Die folgenden Übungen sollen den Kindern helfen herauszufinden, was wirklich gut und wichtig für sie ist, ob sie etwas wollen oder nicht, wie sie sich auf ein Ziel konzentrieren und es am Ende auch erreichen können.

Tasche der Ablenkungen

Jeder von uns lässt sich hin und wieder ablenken. Manchmal ist das gut für uns, aber manchmal schadet uns das. Wenn sich ein Fluglotse oder ein Kontrolleur im Flughafen ablenken lässt, dann kann das eine Katastrophe auslösen. Wenn jemand während der Arbeit im Internet surft und sich für einen Last-Minute-Flug ins Blaue entscheidet, dann findet er vielleicht sein Glück.

In der Schule benötigen die Kinder eine differenzierte Aufmerksamkeitsstrategie. Wenn sie sich langweilen, sind selbstgesteuerte Tagträume eine gute Alternative. Wenn jedoch etwas Wichtiges erklärt wird, dann ist es besser, wenn sie darin eine spannende Mitteilung erblicken.

Mach es dir auf deinem Platz bequem und schließ die Augen. Atme ein Mal langsam aus.

Stell dir vor, dass du eine große Tasche hast. Wirf alles hinein, was dich ablenkt und merk dir genau, was das für Dinge sind.

Nun stell die Tasche hinter dich.

Wie fühlst du dich?

Wenn du willst, kannst du diese Tasche später wieder öffnen und die Dinge herausholen, von denen du dich auf keinen Fall trennen möchtest.

Der bunte Luftballon

Ballons in jeder Form können als suggestives Hilfsmittel benutzt werden, unerwünschte Gedanken oder Gefühle aus dem eigenen Bewusstsein zu verbannen. Hier helfen sie uns, Ablenkungen unschädlich zu machen.

Mach es dir auf deinem Platz bequem und schließ die Augen. Atme ein Mal langsam aus.

Stell dir vor, du sitzt zu Hause vor deinen Hausaufgaben. Immer wieder gehen dir Gedanken durch den Kopf, die dich ablenken.

Atme nun ein Mal langsam aus.

Beobachte, wie aus der ausgeatmeten Luft ein Luftballon wird.

Welche Farbe hat dein Luftballon?

Bring irgendeine Ablenkung in deinen Luftballon. Beobachte, wie der Wind deinen Luftballon hochträgt und ihn mitsamt der Ablenkung mit sich nimmt.

Ist es nun für dich leichter, deine Hausarbeiten zu machen?

Welche Ablenkungen hast du in deinen Luftballon gesteckt?

Willst du sonst noch etwas loswerden?

Magischer Becher

In vielen Situationen kommt es darauf an, dass wir über die Tugenden von Hartnäckigkeit und Ausdauer verfügen, denn oft stellt sich der gewünschte Erfolg erst nach längerer Zeit und vielen Versuchen ein.

Mach es dir auf deinem Platz bequem und schließ die Augen. Atme ein Mal langsam aus.

Stell dir vor, dass du einen alten Silberbecher polierst.

Tu das so lange, bis du dein eigenes Spiegelbild darauf sehen kannst.

Schau genau hin und sieh, dass außerdem eine Botschaft an dich auf dem Becher eingraviert ist.

Welche Botschaft kannst du entziffern?

Seifenblasen

Seifenblasen haben eine magische Qualität. Sie fesseln leicht die Phantasie der Kinder. Das Auflösen der Seife erfordert Zeit und Geduld und auch beim Blasen müssen wir behutsam sein. Wenn die Blasen besonders groß werden sollen, müssen wir mit einer Mischung aus Vorsicht und Geduld vorgehen.

Mach es dir auf deinem Platz bequem und schließ die Augen. Atme ein Mal langsam aus.

Stell dir vor, dass du etwas Kernseife langsam in Wasser auflöst.

Mit diesem Seifenwasser kannst du wunderbare Seifenblasen machen.

Nimm eine passende Drahtöse oder einen Strohhalm zur Hand.

Blase deinen Atem so geschickt durch Öse oder Halm, dass eine schillernde Seifenblase entsteht, die sich zitternd vom Wind forttragen lässt.

Bemerke, wie eine Seifenblase nach der anderen hochschwebt und irgendwann zerplatzt.

Manchmal geschieht das schnell. Manchmal dauert der Flug einer Seifenblase ganz schön lange.

Wie gefällt dir das Spiel mit Seifenblasen?

Kennst du Dinge, die ähnlich zart sind wie deine Seifenblasen?

Der Vulkan

Temperamentvolle Kinder und Erwachsene haben manchmal Ähnlichkeit mit einem Vulkan. Wenn sie wütend werden, spüren sie eine plötzliche Hitze in sich. Manchmal bemerken sie noch rechtzeitig, dass sie vor einem großen Ausbruch stehen, der ihre Widersacher mit Asche und glühender Lava bedecken würde. Nicht immer ist es ratsam, den eigenen inneren Vulkan ausbrechen zu lassen. Manchmal muss er gekühlt werden, um ernste Konflikte zu vermeiden.

Mach es dir auf deinem Platz bequem und schließ die Augen. Atme ein Mal langsam aus.

Betrachte einen Vulkan, der von Zeit zu Zeit glühende Lava und Asche ausspuckt. Beobachte den Vulkan aus sicherem Abstand.

Hörst du etwas?

Kannst du spüren, wie die Erde unter dir vibriert?

Stell dir nun vor, dass du einen Eimer mit Zauberwasser hast, das stärker ist als Feuer. Gieß das Wasser über den Vulkan, und sag zu ihm: Sei still, schlaf ein.

Spüre, wie der Vulkan ruhiger und ruhiger wird.

Erlebe, wie du auch selbst ruhiger und besonnener wirst, während du den Vulkan beruhigst.

Wenn du willst, kannst du ein paar Tropfen von dem Zauberwasser behalten um dich in Zeiten großer Aufregung zu entspannen und zu beruhigen.

Blitz und Donner

Am wenigsten können uns Ablenkungen etwas anhaben, wenn wir vollständig von einem Thema oder einer Aktivität gefesselt sind. Dann ist unsere Aufmerksamkeit fokussiert, und unsere ganze Energie fließt in unsere Tätigkeit. Diese starke Konzentration wird von der Gewittermetapher beschrieben. Blitz und Donner lassen sich nicht ablenken, sondern sie folgen unbeirrbar ihrer Bestimmung. Den Blitz zieht es zur Erde, und der Donner ist die natürliche Konsequenz der elektrischen Entladung.

Mach es dir auf deinem Platz bequem und schließ die Augen. Atme ein Mal langsam aus.
Stell dir vor, dass du dich in Blitz und Donner verwandelst.
Sei das helle Feuer des Blitzes.
Sei der laute Knall des Donners. (Pause)
Wie gefällt es dir, wenn du das Gewitter bist?
Und nun sei die Stille, die auf Blitz und Donner folgt. (Pause)
Atme ein Mal langsam aus.
Fällt dir irgendeine Tätigkeit ein, die dich so sehr fesselt, dass du die Zeit vergisst, dass du weder Hunger noch Durst verspürst und ganz darin aufgehst?

Der geheime Garten

Auch hier haben wir eine schöne Metapher für die liebevolle Konzentration auf eine Aufgabe, auf ein Thema, auf ein Objekt. Damit die Pflanzen im Garten wachsen können, muss der Gärtner Wildwuchs beiseitigen. Konzentration bedeutet, dass wir das Überflüssige eliminieren. Nur so entsteht Klarheit, Schönheit und Erkenntnis.

Mach es dir auf deinem Platz bequem und schließ die Augen. Atme ein Mal langsam aus.
Stell dir vor, dass du in einem schönen Garten stehst. Er ist auf allen Seiten von Mauern aus Natursteinen umgeben. Eine kleine Tür führt nach draußen.

Der Garten ist lange nicht gepflegt worden. Jetzt wächst alles durcheinander und die Blumen sind überwuchert.

Du beschließt, den Garten in Ordnung zu bringen und dafür zu sorgen, dass Blumen und Büsche genügend Platz haben.

Du weißt, dass du dafür später eine Belohnung erhältst. An einer geheimen Stelle wird dein Spaten auf eine Kiste stoßen, in der ein Geschenk auf dich wartet.

Dann wirst du wissen, dass sich dein Einsatz gelohnt hat.

Was findest du in der Kiste?

Der chinesische Tempel

Gebäude mit einer spirituellen Atmosphäre sind ebenfalls gut geeignet, unsere Aufmerksamkeit zu fokussieren und störende, ablenkende Einflüsse auszuschalten. Hier verbinden wir diese Konzentration mit der Möglichkeit, die eigene innere Weisheit zu befragen und eine Lösung für ein Problem zu bekommen.

Mach es dir auf deinem Platz bequem und schließ die Augen. Atme ein Mal langsam aus.

Stell dir vor, dass du Schritt für Schritt eine lange Treppe hinaufsteigst, die auf einen Hügel hinaufführt.

Oben, am Ende der Treppe, steht ein alter Tempel mit einem geschwungenen, chinesischen Dach.

Geh einmal um den Tempel herum und entdecke an jeder Seite eine hölzerne Tür, die mit einem goldenen Drachen verziert ist.

Geh durch eine der Türen in das Innere des Tempels.

An den Wänden stehen Regale mit Schriftrollen, sonst ist der Tempel leer.

Nimm dir eine Schriftrolle und geh damit in die Mitte des Raumes.

Aus einem Fenster im Dach fällt helles Licht auf die Schriftrolle.

Du bist in der Lage, die Worte zu lesen, die darauf stehen.

Du findest die Antwort auf eine wichtige Frage.

Viele Inseln – eine Brücke

Das Motiv der Konzentration drückt sich in den schwimmenden Inseln aus. Aber wer konzentriert arbeiten will, benötigt auch freundschaftliche Kontakte, damit aus der Konzentration keine Einsamkeit wird.

Mach es dir auf deinem Platz bequem und schließ die Augen. Atme ein Mal langsam aus.

Stell dir vor, dass du auf einer schwimmenden Insel bist.

Um dich herum sind andere schwimmende Inseln, und darauf sind all die Menschen, mit denen du im Alltag Kontakt hast.

Richte deine Aufmerksamkeit auf eine schwimmende Insel, die du gerade entdeckt hast.

Stell dir vor, dass du eine Brücke ausfährst und auf die andere Insel hinübergehst.

Welcher Mensch ist auf dieser Insel?

Wie sah deine Brücke aus?

Was möchtest du mit dem Menschen auf dieser Insel anfangen?

Kreis der Freunde

Die starke Konzentration auf ein Thema bringt manchmal die Gefahr der Isolation mit sich. Je anspruchsvoller unsere Tätigkeit ist, desto leichter isolieren wir uns von unseren Freunden. Für die Kinder entsteht diese Situation, wenn sie an ihrem Computer sitzen oder an ihrer Spielkonsole. Sie können dabei in eine emotionale Isolation geraten, die ihrer Entwicklung schadet. Kinder brauchen andere Personen, um zu wachsen.

Mach es dir auf deinem Platz bequem und schließ die Augen. Atme ein Mal langsam aus.

Stell dir vor, dass du lange Zeit konzentriert gearbeitet hast.

Du hast allein in einem Raum gearbeitet, wo alles vorhanden war, was du für deine Arbeit brauchtest. Aber es waren keine Menschen da.

Jetzt hast du den Wunsch, jemandem in die Augen zu sehen und menschliche Stimmen zu hören.

Stell dir vor, dass du in der Mitte stehst, umgeben von deinen besten Freunden. Sie sehen dich freundlich an, sie lächeln dir zu. Du hörst, wie sie freundliche Worte zu dir sagen und dir zu verstehen geben: Wir mögen dich, wir finden dich gut, wir sind da, wenn du uns brauchst.

Einige geben dir die Hand, andere legen ihren Arm um dich, einer umarmt dich liebevoll.

Du weißt, dass deine Einsamkeit jetzt vorbei ist.

Kapitel 4
Unsere inneren Stimmen

ANGST

Angst ist ein wichtiges Gefühl, das unser Überleben sichern kann. In gefährlichen Situationen kann uns die Angst auffordern wegzulaufen oder anzugreifen. Oft haben wir Angst, wenn wir an die Zukunft denken und uns etwas Unangenehmes vorstellen oder wenn wir befürchten, dass wir einer Situation nicht gewachsen sind. Kinder müssen lernen, nützliche und übertriebene Ängste zu unterscheiden. Übertriebene Ängste können die Entwicklung stören. In jedem Falle ist es wichtig, dass Kinder ihre Ängste bemerken. Wenn eine Angst unseren Körper alarmiert hat, müssen wir prüfen, ob es sich um einen ernsten Alarm handelt oder um einen Fehlalarm.

Wenn wir uns Zeit nehmen, entdecken wir fast immer in uns einen Hinweis, der uns zeigt, was für uns am besten ist. Wir brauchen vor der Angst keine Angst zu haben.

Die folgenden Übungen helfen den Kindern, angesichts einer Angst wieder zur Ruhe zu kommen und sich zu entspannen. Sie können dann herausfinden, ob ihre Angst übertrieben oder nützlich ist.

Der Stein in der Brust

Kinder erleben viele Ängste. Sie wissen selbst am besten, dass ihnen viele Kompetenzen noch fehlen, dass sie wenig Erfahrung haben, um eine schwierige Situation beurteilen zu können. Vor allem wissen sie, dass sie relativ machtlos sind. Sie haben es mit Erwachsenen zu tun, die im Zweifelsfall die Entscheidungsgewalt haben. Das kann bedrohlich sein, wenn die Kinder erlebt haben, dass diese Erwachsenen unzuverlässig, willkürlich, lieblos, ungeduldig oder sogar grausam sind.

Überall stoßen die Kinder auf überlegene Ältere, sodass es ihnen nicht leicht fällt, jene innere Sicherheit zu entwickeln, die die Voraussetzung ist für ein gutes Selbstbewusstsein.

Wir müssen den Kindern also helfen, sich von eingebildeten oder übertriebenen Ängsten zu befreien bzw. sich mit realistischen Ängsten auseinanderzusetzen. Das geht leichter, wenn die Kinder lernen, sich selbst liebevoll zu behandeln. Eine der wichtigsten Lektionen für Kinder lautet daher:

Lerne, dich selbst zu lieben. Es ist schön, wenn auch andere Menschen den Kindern ihre Liebe schenken. Aber im Zweifelsfall können sie eine Zeit lang auch für sich selbst sorgen.

Mach es dir auf deinem Platz bequem und schließ die Augen. Atme ein Mal langsam aus.

Stell dir vor, dass in deiner Brust ein Stein liegt.

Strecke beide Hände nach der Sonne aus und lass sie richtig warm werden.

Sorge dafür, dass beide Hände sich mit dem Licht der Sonne füllen.

Atme ein Mal langsam aus.

Und nun stell dir vor, dass du mit deinen Händen voller Sonnenlicht ganz vorsichtig und langsam die Muskeln in deiner Brust ein bisschen auseinander ziehst, sodass du leichter atmen kannst.

Stell dir auch vor, dass du den Stein in deiner Brust jetzt mit deinen Sonnenlichthänden nimmst und weit wegwirfst.

Ganz sanft kannst du nun deine Brust massieren, dort, wo der Stein gelegen hat.

Stell dir vor, dass deine ganze Brust sich mit dem goldenen und warmen Sonnenlicht füllt.

Wie gefällt dir das?

Fortschritt

Es ist ganz natürlich, dass wir nicht alles, was neu ist in unserem Leben, freudig begrüßen. Wir möchten gern Schwimmen lernen, aber wir haben Angst, dabei unterzugehen.

Wir möchten um einen neuen Freund werben, aber wir haben Angst, abgelehnt zu werden.

Manchmal staunen wir, wenn wir etwas gelernt haben, was wir vorher für unmöglich gehalten haben. Manchmal lernen wir sogar im Schlaf und über Nacht etwas Neues.

Unser Lernprozess ist meist ein Weg mit vielen Richtungsänderungen. Oft fehlt uns ein Hinweis auf das Ziel, oft improvisieren wir. Was uns helfen kann, ist die einfache Überzeugung: Solange ich lerne, lebe ich.

Mach es dir auf deinem Platz bequem und schließ die Augen. Atme ein Mal langsam aus.

Du bemerkst plötzlich, dass du etwas tust, wovor du in der Vergangenheit Angst hattest.

Du beginnst ein Selbstgespräch und sagst im Stillen zu dir: Jetzt bist du ja schon stärker, mutiger und klüger.

Wovor hattest du in der Vergangenheit Angst?

Wie fühlst du dich, wenn du jetzt tun kannst, was du eigentlich schon lange tun wolltest?

Die schwarze Spinne

Angst und Anziehung begegnen uns immer wieder in seltsamer Verquickung. Je attraktiver uns ein Ziel erscheint, desto stärker fürchten wir unser Scheitern.

Viele lassen sich daher früh abschrecken und streben nur das an, was sie risikolos erreichen können. Andere hören mehr auf die Stimme ihrer Neugier oder ihrer Sehnsucht und betrachten die Gefahr des Scheiterns als notwendigen Preis, der zu zahlen ist, wenn es um die Hand der Königstochter geht. Märchen erzählen uns von den Mühen, die der Held auf sich nehmen muss, um weise zu werden, mitfühlend und liebevoll.

Die Aufgabe der Erwachsenen besteht darin, den Kindern Mut zu machen, damit sie die Kunst des Scheiterns lernen können.

Mach es dir auf deinem Platz bequem und schließ die Augen. Atme ein Mal langsam aus.

Stell dir vor, dass du eine große, schwarze Spinne siehst.

Du entscheidest dich, dass du keine Angst vor ihr haben willst.

Du siehst genau hin und bemerkst die Schönheit ihres Spinnennetzes.

Du bewunderst das Kunstwerk, das die schwarze Spinne geschaffen hat.

Welche Ängste hast du im Laufe deines Lebens abgelegt?

Welche Angst möchtest du in der nächsten Zeit überwinden?

Was denkst du, wenn jemand sagt: Ich kenne keine Angst.

DIE ANGST AKZEPTIEREN

Die Übungen in diesem Abschnitt helfen den Kindern, ihren unangenehmsten Ängsten und Sorgen gegenüberzutreten. Diese Konfrontation gestattet es ihnen, auch die Hoffnungen und Träume zu entdecken, die mit ihren Ängsten verbunden sind. Hinter ihren Ängsten wartet jugendlicher Optimismus. Wir hoffen, dass die Kinder lernen, dass auch in der größten Dunkelheit etwas Licht zu entdecken ist, sobald sich unsere Augen daran gewöhnt haben. Das kann den Kindern Optimismus und Widerstandskraft schenken.

Eingesperrt

Einschränkung der Bewegungsfreiheit wird von vielen als unangenehm und bedrohlich erlebt. Dieses Gefühl kann sich einstellen, wenn wir in einen tiefen Keller gehen müssen, oder wenn wir uns in einem engen Raum mit vielen anderen Menschen befinden. Für Kinder ist das Erlebnis, festgehalten oder eingesperrt zu sein, besonders unangenehm. In der schwarzen Pädagogik war dies ein besonders perfides Mittel, ein Kind zu bestrafen bzw. einzuschüchtern. Solche Erziehungsmittel können das Vertrauen in die Erwachsenen stark beschädigen.
In dieser Imagination geben wir den Kindern Gelegenheit, Angst auszuhalten und eine eigene Befreiungsaktion erfolgreich durchzuführen. Dies ist ein gutes Gegenmittel gegen das Gefühl der Hilflosigkeit.

Mach es dir auf deinem Platz bequem und schließ die Augen. Atme ein Mal langsam aus.
Stell dir vor, dass du in einer kleinen Kiste eingeschlossen bist. Es ist dunkel und eng.
Was tust du in diesem Behälter?
Beschreibe dein Gefängnis.
Beschreibe dich selbst.
Beschreibe deine Gefühle.
Atme ein Mal langsam aus.

Und nun beschreibe Schritt für Schritt, wie du es anstellst, aus deinem Gefängnis herauszukommen.

Der Reiz des Unheimlichen

Wenn sich Kinder aus freien Stücken in ein «Verlies» begeben, dann erleben sie das nicht als Bedrohung, sondern als Mutprobe, denn hier kontrollieren sie selbst das Geschehen. Sie schließen die Tür selbst hinter sich und manchmal lassen sie sich von ihren Spielkameraden finden. Das Verstecken dient also der Anfreundung mit dem Unheimlichen. Es ist eine Trainingssituation für den Mut. Dieses Motiv behält lange Zeit große Attraktivität, denn es kommt noch eine zweite Dimension dazu: Wer sich versteckt, ist der Wissende, und die Suchenden sind die Unwissenden. Im Versteck kann sich das Kind überlegen fühlen und eine Position einnehmen, die sonst von den Erwachsenen besetzt ist.

Mach es dir auf deinem Platz bequem und schließ die Augen. Atme ein Mal langsam aus.
Du versteckst dich in einem großen Kleiderschrank.
Was ist das für ein Gefühl?
Atme ein Mal langsam aus.
Irgendjemand schließt die Tür des Schranks ab.
Was empfindest du jetzt?
Wie kommst du aus dem Schrank wieder heraus?
Wie kannst du das nächste Mal verhindern, dass dein Versteck zugesperrt wird?
Kannst du dich an das beste Versteck erinnern, das du jemals benutzt hast?

Der Schrank

Schränke haben zu allen Zeiten auch als Versteck gedient. Für Erwachsene, die nicht entdeckt werden wollen und für Kinder, die mit einem Risiko spielen möchten. Das freiwillig gewählte Gefängnis hilft ihnen, Gefühle von Angst und Ohnmacht ohne Panik auszuhalten und die eigene Widerstandskraft zu testen: «Wenn ich nicht in Panik gerate, dann kann ich mich selbst befreien.»
In dieser Imagination steht es den Kindern frei, die Bedrohung zu dosieren und damit das Ausmaß der Angst zu kontrollieren.

Mach es dir auf deinem Platz bequem und schließ die Augen. Atme ein Mal langsam aus.

Stell dir vor, dass du in einem dunklen Schrank bist.

Bist du dort allein?

Wie bist du da hineingekommen?

Was denkst du und was fühlst du?

Atme ein Mal langsam aus.

Nun mach ein kleines Licht an. Was kannst du nun in dem Schrank sehen?

Atme ein Mal langsam aus.

Sorge dafür, dass es noch etwas heller wird. Jetzt kannst du schon mehr erkennen.

Was kannst du jetzt entdecken?

Was machst du nun und was geht dir durch den Sinn?

Atme ein Mal langsam aus.

Möchtest du noch länger in diesem Schrank bleiben?

Möchtest du jetzt herauskommen?

Was siehst du, wenn du aus dem Schrank ins Freie gelangt bist?

In welchem Alter wäre dieses Spiel für dich zu aufregend gewesen?

Im Keller

Die Dunkelheit war in der Geschichte für die meisten Menschen und Tiere eine Zeit der Gefährdung. Im Dunkeln sind nachtaktive Räuber unterwegs, die darauf aus sind, ihre Opfer zu überraschen. Darum haben Kinder das Bedürfnis, in der Nähe von Vater oder Mutter zu schlafen. So können sie sich jederzeit vergewissern, dass sie nicht allein sind.

Wenn die Kinder heranwachsen, lernen sie die Unsicherheit auszuhalten, auf sich selbst gestellt zu sein. Mit der Zeit verstehen sie auch, dass sie zwei unterschiedliche Gefühle gleichzeitig empfinden können:

• die Angst vor der eigenen Verletzlichkeit,

• den Mut, sich auch mit Unerwartetem zu konfrontieren,

Als Erwachsene müssen wir die kindlichen Ängste ernst nehmen. Das beste Gegenmittel für kindliche Ängste ist das Gefühl der Zugehörigkeit zu Menschen, die es gut mit uns meinen.

Mach es dir auf deinem Platz bequem und schließ die Augen. Atme ein Mal langsam aus.

Stell dir vor, dass du in einem fremden Haus aufwachst.

Es ist ganz dunkel. Du bist in einem Kellerraum.

Wie bist du hierher gekommen?

Finde eine Schachtel mit Streichhölzern und zünde ein Streichholz an.

Was kannst du in diesem Raum entdecken?

Finde drei Türen, die geschlossen sind.

Finde die Tür, die hinausführt und schließe sie sorgfältig hinter dir.

Was fühlst du?

Was geht dir durch den Kopf?

Wie endet dieses Abenteuer für dich?

LICHT VERTREIBT ANGST

Kinder können unheimliche Situationen und Dunkelheit besser aushalten, wenn sie in der Lage sind, ein Licht anzuzünden.

Die Kraft des Lichts wurde von den Menschen schon immer mit guten Kräften, mit Leben und Fruchtbarkeit, mit Sicherheit und Hoffnung assoziiert. Die Dunkelheit wurde dagegen als Bereich der Geister, der Dämonen, der Versuchung und des Todes definiert.

Während das Licht unser positives Potenzial wecken kann, kann das Dunkel unsere negativen Seiten aktivieren. Darum ist es hilfreich, wenn die Kinder lernen, in ihrer Imagination Licht zu schaffen, indem sie z. B.:

- eine imaginäre Kerze anzünden,
- einen Scheinwerfer einschalten,
- ein Lagerfeuer anzünden,
- eine kleine Taschenlampe verwenden.

Es gibt noch andere Möglichkeiten der heilenden Helligkeit:

- Die Kinder können sich vorstellen, von einem beschützenden, goldenen Ring umgeben zu sein.
- Sie können sich vorstellen, dass in ihrem Herzen ein warmes und helles Licht brennt.
- Sie können sich vorstellen, dass sie mit jedem Atemzug Licht oder Energie einatmen und den eigenen Körper in eine Lichtquelle verwandeln.
- Sie können sich einen Schutzengel vorstellen, der ihnen mit einer hellen Fackel durch die Dunkelheit vorangeht.

Wir können diese Lichtmetaphorik einsetzen, um den Kindern das Gefühl der Widerstandskraft, der Handlungsfähigkeit und des Beschütztseins zu vermitteln.

Eine Lampe anzünden

Hier statten wir die Kinder mit einer imaginären Lampe aus, die sie auch in Zukunft begleiten kann. Mit dieser Lampe machen sie sich Mut und gewinnen Übersicht auch in schwierigen Situationen.

Mach es dir auf deinem Platz bequem und schließ die Augen. Atme ein Mal langsam aus.

Stell dir vor, dass du in einer kleinen Kiste sitzt.

Was geht dir durch den Sinn?

Wie bist du in die Kiste hereingekommen?

Du hast eine kleine Lampe bei dir, die du anschalten kannst. Mit dieser Lampe kannst du im Dunkeln sehen und sie macht dir Mut. Mit ihrer Hilfe findest du eine Möglichkeit, aus der Kiste herauszukommen.

Wie kommst du heraus?

Wie fühlst du dich nach deiner Befreiung?

Diese kleine Lampe hast du auch in Zukunft zur Verfügung, wenn du sie brauchst.

Der Wandschrank

Auch hier bietet eine Taschenlampe Sicherheit und Handlungsmöglichkeiten in einer heiklen Situation.

Mach es dir auf deinem Platz bequem und schließ die Augen. Atme ein Mal langsam aus.

Du bist von einem Kind deiner Klasse zum Geburtstag eingeladen worden. Der Geburtstag wird in einem großen, alten Haus mit vielen Zimmern gefeiert.

Nach dem Kaffeetrinken beschließt ihr, im Haus Versteck zu spielen. Der erste Sucher ist das Geburtstagskind.

Du versteckst dich in einem großen Wandschrank.

Du hast deine magische Taschenlampe bei dir.

Was geschieht?

Wie fühlst du dich?

Was willst du tun?

Wie soll die Geschichte ausgehen?

Die Höhle

Höhlen sind magische Orte. Sie reizen die menschliche Neugier. Sie sind Orte des Abenteuers. Oft ist der Besuch in einer Höhle nicht ungefährlich. In der Regel ist es leichter, in eine Höhle hineinzukommen, als wieder herauszufinden. Jeder hat von den Schätzen gehört, die manchmal in Höhlen aufbewahrt werden, von alten Schriftrollen oder uralten Wandbildern. Manchmal kann man dort auch weise Männer und Frauen treffen, die Rat-suchenden ihre Hilfe anbieten.

In dieser Übung besuchen die Kindern eine Höhle. Wir lassen ihnen dabei freie Hand, was Risiko und Gewinn angeht.

Mach es dir auf deinem Platz bequem und schließ die Augen. Atme ein Mal langsam aus.

Sei in einem fernen Land, das du schon lange einmal besuchen wolltest.

Geh allein auf eine Wanderung und entdecke eine Höhle. Der Eingang ist niedrig und schmal.

Greife in deine Tasche und finde eine Stirnlampe, wie sie die Bergarbeiter benutzen. Diese Lampe wirft ihr Licht nicht nur auf die Dinge in deiner Nähe, sondern sie wird dir auch den Weg zurück ans Tageslicht zeigen.

Atme ein Mal langsam aus und betritt die Höhle, wenn deine Neugier stärker ist als deine Angst.

Bemerke, dass die Lampe von selbst angeht, sowie du im Dunkeln bist.

Bemerke, dass du in einer weiten, unterirdischen Halle gelandet bist, wo jedes Geräusch ein Echo erzeugt.

Geh ein wenig herum und versuche herauszubekommen, was es hier zu entdecken gibt. (Pause)

Geh in eine Ecke und finde etwas, was für dich bestimmt sein könnte. Du darfst es mit hinausnehmen und draußen im Licht des Tages untersuchen.

Finde den Weg nach draußen und sei stolz auf deinen Mut.

Was hast du mitgebracht?

Was könntest du damit anfangen?

Der Friedhof

In der Welt der Sagen und Märchen gilt der Friedhof als Ort des Unheim-lichen. Wer nachts einen Friedhof aufsucht, der konfrontiert sich mit der eigenen Verletzlichkeit, Hilflosigkeit und Sterblichkeit. Wenn er von die-sem Gang unversehrt zurückkehrt, hat er an Widerstandskraft gewonnen. Auch wenn wir das Bild des Friedhofs nur in der Phantasie erzeugen, löst das gemischte Gefühle aus. Wir reduzieren die Angst der Kinder, indem wir ihnen für den Besuch auf dem Friedhof einen Begleiter geben und ein tröstendes Licht.

Mach es dir auf deinem Platz bequem und schließ die Augen. Atme ein Mal langsam aus.

Bei Tage bist du sicher schon über einen Friedhof gegangen. Hier erinnern wir uns an Menschen, die wir verloren haben. Wir denken ebenfalls daran, dass unser Leben begrenzt ist und dass die Zeit, die wir haben, wertvoll ist.

Stell dir vor, dass du dich entschließt, über irgendeinen Friedhof zu gehen, einen Friedhof, den es tatsächlich gibt, oder einen Friedhof, den du dir ausdenkst.

Du darfst dir für diesen Spaziergang einen Begleiter aussuchen, zu dem du Vertrauen hast. Außerdem sollt ihr ein helles Licht mitnehmen, damit ihr etwas sehen könnt.

Wen möchtest du zu deiner Begleitung einladen?

Entscheide selbst, zu welcher Stunde du deinen Spaziergang beginnen willst.

Entscheide auch, in welchem Tempo ihr über den Friedhof gehen wollt. Und entscheide, welche Wege du gehen möchtest.

Das Licht, das ihr mitnehmt, wird euch sicher zum Ausgang zurückbringen.

Du kannst dir wünschen, wie viele Überraschungen du erleben möchtest.

Schließlich entscheidest du selbst, wie viel Zeit du auf dem Friedhof verbringen willst. (Pause)

Und nun kehre mit deinem Begleiter zum Tor des Friedhofs zurück.

Bedanke dich für seine Unterstützung.

Wie geht es dir nach dieser Mutprobe?

Bringst du irgendetwas mit, was nützlich für dich ist?

FRUSTRATION, ÄRGER, WUT

Wenn wir Frustration nicht ausdrücken können, dann verwandelt sie sich leicht in Groll und Feindseligkeit, in stummen Ärger oder explodierenden Zorn.

Wenn wir Ärger ausgedrücken, so wirkt das erleichternd. Wenn wir uns beschweren, zeigen wir anderen, wo unsere Grenzen sind. Manchmal fordert unsere Angst uns auf wegzulaufen. In anderen Situationen fordert sie uns auf, wütend zu werden und zu kämpfen.

Oft verstecken wir unseren Zorn, weil wir befürchten, dass auch die andere Seite aggressiv reagiert. Wir fragen uns dann, was unangenehmer ist: Unseren Zorn zu kontrollieren oder einen Gegenangriff auszuhalten.

Für die Kinder ist es wichtig, dass sie üben, Ärger kontrolliert zu äußern. Erst dann können sie auch lernen, welche Gefühle ihr Ärger oder Zorn bei anderen Menschen auslöst.

Die folgenden Übungen sollen den Kindern helfen, einen flexiblen Umgang mit Frustrationen zu üben. Niemand kann immer seinen Willen durchsetzen. Enttäuschungen sind unvermeidbar, aber niemand muss sich deswegen in einen Menschenfeind verwandeln.

Enttäuscht?

Überall im Leben, im privaten wie im beruflichen, stoßen wir auf Probleme. Schwierigkeiten treten auf, mit denen wir nicht gerechnet haben. Wie wir diesen Schock verarbeiten, entscheidet über unseren Erfolg im Leben.

Kinder mit einer hohen inneren Widerstandskraft lassen sich durch Schwierigkeiten nicht abschrecken. Sie probieren einfach einen anderen Lösungsweg aus oder sie akzeptieren, dass sie das Problem nicht lösen können und stecken ihre Energie in eine andere Aufgabe. Mit anderen Worten: Sie geben sich nicht geschlagen, sondern erkennen, dass ihre Erfindungsgabe gefordert ist. Jeder verfügt darüber. Sie gehört zum kostbarsten, was uns die Natur oder der liebe Gott in die Wiege gelegt hat.

Hier konfrontieren wir die Kinder mit einer vergleichsweise geringen Schwierigkeit. Es gibt verschiedene Möglichkeiten, eine Lösung zu finden.

Mach es dir auf deinem Platz bequem und schließ die Augen. Atme ein Mal langsam aus.

Stell dir vor, dass du an einem Puzzle sitzt. Ein Stück passt nicht dazu.

Du versuchst alles Mögliche, aber es klappt nicht. Das Teil passt nicht zu den anderen.

Was machst du jetzt?

Wie fühlst du dich?

Für welche Lösung entscheidest du dich?

Die Bürde des ältesten Kindes

Älteste Kinder genießen manche Privilegien, meist wird ihnen aber auch sehr viel abverlangt. Alle Positionen in der Geschwisterreihenfolge haben ihre spezifischen Möglichkeiten und Nachteile. Für die Kinder kann es erleichternd sein, sich darüber auszutauschen.

Mach es dir auf deinem Platz bequem und schließ die Augen. Atme ein Mal langsam aus.

Du möchtest mit einem Spielzeug spielen, aber dein jüngerer Bruder oder deine jüngere Schwester möchte genau dasselbe Spielzeug.

Deine Mutter sagt: «Er ist ja noch so klein… lass ihm das Spielzeug…»

Wie fühlst du dich?

Was machst du?

Gerechtigkeit, Vergebung?

Kleinere Kinder können verhältnismäßig früh etwas mit der goldenen Regel anfangen: Behandle andere so, wie du selbst behandelt werden möchtest. Aber auch mit ihnen ist das Sprechen über die Maßstäbe unseres Verhaltens wertvoll.

Mach es dir auf deinem Platz bequem und schließ die Augen. Atme ein Mal langsam aus.

Stell dir vor, dass du deinem kleinen Bruder oder deiner kleinen Schwester dein Spielzeug gegeben hast.

Später entdeckst du, dass sie es kaputt gemacht haben.

Was fühlst du?

Was unternimmst du?

Das Vogelnest

Auch Tiere respektieren die Grenzen anderer. Kinder wie Erwachsene reagieren auf massive Grenzverletzungen mit Aggression. Allerdings sind Kinder oft noch nicht in der Lage, sich erfolgreich zu wehren. Manchmal gelingt ihnen eine List. Deshalb werden sie leicht Opfer von Grenzverletzungen. Ein entscheidender Schritt ist der Mut, darüber mit anderen zu sprechen. Oft ist das die beste Verteidigungsstrategie.
Hier können wir diese schwere Problematik nur streifen.

Mach es dir auf deinem Platz bequem und schließ die Augen. Atme ein Mal langsam aus.
Stell dir vor, dass du ein Vogel bist, der sich ein Nest baut.
An welcher Stelle würdest du das tun?
Welches Material würdest du benutzen?
Beschreibe wie das Nest aussieht, wenn es fertig ist.
Atme ein Mal langsam aus.
Stell dir vor, dass du wegfliegst.
Als du zurückkommst, entdeckst du, dass ein anderer Vogel in deinem Nest sitzt.
Was machst du?

Das zerstörte Nest

Viele Menschen müssen im Laufe ihres Lebens mehrfach von vorn anfangen. Sie können sich diese Last erleichtern, wenn sie bei jedem Neuanfang etwas anders vorgehen. Die Lust am Neuen lenkt dann von der Mühsal der Aktion ab.

Mach es dir auf deinem Platz bequem und schließ die Augen. Atme ein Mal langsam aus.
Stell dir vor, dass du ein Vogel bist und begonnen hast, dein Nest zu bauen. Du bist schon ziemlich weit, als ein starker Sturm kommt und dein Nest zerstört. Das ganze Nest ist wie weggeblasen.
Was machst du?

Ärger verwandeln

Ärger in konstruktive Energie umzuwandeln, ist eine hohe Kunst; sie entscheidet darüber, ob wir genügend Kraft behalten für die großen Projekte des Lebens. Diese Thematik ist von größter Bedeutung für unsere Kinder. Eltern und Pädagogen haben die wichtige Aufgabe, den Kindern ein gutes Vorbild zu sein, eigenen Ärger zu neutralisieren und stattdessen die Fähigkeit zur Selbstironie zu kultivieren. Solche Charaktere sind beliebt und werden überall geschätzt.

Mach es dir auf deinem Platz bequem und schließ die Augen. Atme ein Mal langsam aus.
Denk an jemanden, über den du dich sehr ärgern kannst.
Atme ein Mal langsam aus.
Heute willst du etwas Neues versuchen.
Atme deinen Ärger aus und sieh, wie daraus eine Wolke wird.
Welche Farbe hat diese Wolke?
Atme wieder langsam aus.
Beobachte, wie die Wolke vom Wind nach oben in den Himmel getragen wird und sich dort in einen Stern verwandelt.
Was geschieht jetzt mit deinen Gefühlen?
Sag mir, wo du gerade bist.
Wenn du mit nach oben zum Himmel geflogen bist, dann rutsche auf einem Lichtstrahl wieder herunter.
Merk dir, dass dieser Stern dir gehört, dir ganz allein. Und er wird immer für dich leuchten.
Manchmal singen diese persönlichen Sterne sogar. Kannst du die Melodie von deinem Glücksstern hören?
Ärger in Sterne zu verwandeln, ist eine echte Kunst. Wenn du das übst, kannst du sogar mehrere persönliche Sterne haben. Du kannst daraus sogar ein eigenes Sternbild machen.
Was denkst du darüber?
Wie geht es dir im Augenblick?

Die Kontrolle behalten

Zu den wichtigen Entwicklungsaufgaben jedes Menschen gehört die Regulierung der eigenen Affekte. Wenn wir uns aufregen, wenn wir uns verletzt fühlen, wenn wir enttäuscht sind, wenn wir uns ärgern, dann besteht im-

mer die Möglichkeit, dass wir unsere Emotionen unkontrolliert und unge-
bremst ausdrücken, mit Worten oder mit Aktionen. Dann geraten wir leicht
in einen Konflikt mit anderen, den wir später vielleicht bereuen. Unsere
Aufgabe besteht darin, unsere Gefühle zu erkennen, sie freundlich zu be-
grüßen, ihnen Beachtung zu versprechen und sie gleichwohl um Mäßigung
zu bitten. Wie müssen also lernen, eine Explosion zu verhindern. Diese
Kunst lässt sich mithilfe geeigneter Imaginationen sehr schön trainieren.

Mach es dir auf deinem Platz bequem und schließ die Augen. Atme ein
Mal langsam aus.
Stell dir ein Kind vor, das etwas sagt oder tut, was dich ärgert.
Was tut es, was sagt es?
Hast du eine Idee, warum dieses Kind das sagt oder tut?
Wie reagierst du?
Atme ein Mal langsam aus.
Wirst du jetzt wütend?
Bist du in der Gefahr etwas zu tun, was du später bereuen würdest?
Wie zeigt sich das bei dir?
Setzt du deine Fäuste ein?
Schimpfst und fluchst du?
Brichst du in Tränen aus?
Wie kannst du dafür sorgen, dass deine Gefühle wieder zur Ruhe kom-
men?
Eine Möglichkeit bietet dir dein Atem. Du kannst z. B. drei Mal langsam
ausatmen und dir dabei vorstellen, dass du deine beste Freundin/deinen
besten Freund umarmst.
Gibt es etwas anderes Positives, das du dir vorstellen könntest?
Wie könntest du dich sonst noch beruhigen?

Ungerechtigkeit

Ungerechtigkeit wird von vielen Kindern als sehr verletzend empfunden.
Sie greifen dann gern zu radikalen Maßnahmen und reagieren auf die
erlittene Ungerechtigkeit mit einer eigenen. Mit der Zeit müssen sie ler-
nen, dass Gerechtigkeit ebenso kostbar wie selten ist. Darum ist es so
wichtig, dass wir die Kunst der Vergebung lernen.
In dieser Imagination können die Kinder die Kunst üben, über Gerechtig-
keit zu sprechen und ihre verletzten Gefühle zu beruhigen.

Mach es dir auf deinem Platz bequem und schließ die Augen. Atme ein Mal langsam aus.

Sei zu Hause und stell dir vor, dass du ungerecht behandelt wirst.

Wie kommt es zu dieser Ungerechtigkeit?

Was fühlst du und was tust du?

Atme noch ein Mal langsam aus.

Gibt es irgendjemanden in deiner Familie, der auch ungerecht behandelt wird? Oder hast du eine Freundin oder einen Freund, dem es so geht?

Was macht diese Person in diesem Fall?

Stell dir vor, dass du mit dem Menschen sprichst, der dich ungerecht behandelt hat. Nimm dir vor, ruhig mit ihm zu sprechen.

Sag diesem Menschen, dass du dich von ihm ungerecht behandelt fühlst. (Sag ihm nicht, dass er ungerecht *ist*.)

Erkläre, dass du dich schlecht fühlst und frage die andere Person, ob sie bereit ist, deine schlechten Gefühle zu berücksichtigen.

Höre, was die andere Person sagt.

SCHULDGEFÜHLE

Schuldgefühle entfalten ihre zerstörerische Wirkung nach und nach. Sie lenken unsere Aufmerksamkeit auf die Vergangenheit und verbrauchen Energie, die uns fehlt, um die Gegenwart konstruktiv zu gestalten. Am besten sollten wir schon als Kinder lernen, uns zu entschuldigen, wenn wir anderen Unrecht getan haben. Optimal ist es, wenn wir Schritte unternehmen, um den Schaden, so gut es geht, wiedergutzumachen.

Ein Kind, das stiehlt, zeigt in der Regel, dass ihm etwas Notwendiges fehlt. Entweder ist das Kind sehr arm oder es hat den Eindruck, nicht genug geliebt zu werden.

Kinder, die lügen, tun das häufig, wenn sie sich klein und unbedeutend fühlen. Sie möchten in den Augen der anderen gern groß und kompetent wirken. So fangen sie z. B. an, Geschichten zu erfinden, in denen sie die strahlenden Helden sind.

Die folgenden Übungen appellieren das Gewissen der Kinder. Wir möchten die Kinder anregen, sich häufiger zu entschuldigen Es ist gut, wenn sie lernen, Schuldgefühle aufzulösen, indem sie um Verzeihung bitten. Außerdem möchten wir ihnen helfen, an das Gute in sich selbst und in jedem Menschen zu glauben.

Es tut mir leid

Manchmal bereuen wir es, wenn wir z. B. jemanden verletzt, enttäuscht oder im Stich gelassen haben. Die Fähigkeit, etwas zu bereuen, muss Schritt für Schritt gelernt werden, am besten durch das Vorbild der Erwachsenen. Kinder registrieren aufmerksam, wenn sich ein Erwachsener bei ihnen entschuldigt. Sie verstehen dann, dass es kein Ausdruck von Schwäche ist, wenn jemand eine Handlung oder eine Bemerkung bedauert. Ältere Kinder begreifen auch, dass eine Entschuldigung demjenigen hilft, der verletzt wurde. Das beste Mittel gegen Groll und Zorn sind drei Worte: «Es tut mir leid.» – In dieser Imagination regen wir die Kinder an, auf die leise Stimme ihres Gewissens zu hören.

Mach es dir auf deinem Platz bequem und schließ die Augen. Atme ein Mal langsam aus.

Stell dir ein Blatt Papier vor mit einer Liste, die du selbst gemacht hast. Du hast Dinge aufgeschrieben, die du irgendwann getan hast, die du jetzt aber bereust.

Du fühlst, es wäre besser gewesen, wenn du diese Dinge nicht getan oder gesagt hättest.

Höre eine leise Stimme in dir, die sagt: «Das war nicht gut von mir.»

Höre, wie du dir selbst antwortest: «Als ich das gemacht habe... wusste ich es nicht besser... «

Denk daran, dass jeder Mensch Fehler macht oder andere verletzt, weil ihm nichts Besseres einfällt. Entscheidend ist, dass wir unsere Fehler bemerken und bereuen, dass wir versuchen, sie wiedergutzumachen, und sie möglichst nicht wiederholen.

Stell dir nun eine Person vor, die du absichtlich oder unabsichtlich unfreundlich behandelt hast.

Vielleicht möchtest du Folgendes ausprobieren:

Du schaust dieser Person in die Augen und sagst leise: «Heute tut mir leid, was ich damals getan habe...»

Regeln übertreten

Kinder können durch zu viele Vorschriften in ihrer Entwicklung gebremst werden. Wir wollen ihre Experimentierlust nicht ersticken, daher werden wir sparsam sein mit Sanktionen und negativen Botschaften. Trotzdem wollen wir den Kindern vermitteln, dass Spielregeln in jeder Gruppe und in jeder Gesellschaft benötigt werden, damit Vertrauen, Sicherheit und Mitgefühl entstehen können.

In dieser Imagination machen wir etwas ganz Einfaches: Wir regen die Kinder an, über einen vorgestellten Regelverstoß zu reflektieren.

Mach es dir auf deinem Platz bequem und schließ die Augen. Atme ein Mal langsam aus.

Stell dir vor, dass du zum Spielen in einem Park bist. Du siehst wunderschöne Blumen in großen, kunstvoll angelegten Beeten. Daneben sind Schilder angebracht auf denen steht: «Bitte keine Blumen pflücken!»

Stell dir vor, dass du dich nicht um diese Schilder kümmerst. Du pflückst dir einen großen Blumenstrauß. Dabei schaust du dich um. Du glaubst, dass dich niemand beobachtet. Was fühlst du dabei?

Würdest du auch so handeln, wenn ein jüngeres Kind dir dabei zusehen würde?

Welchen Unterschied würde es machen, wenn deine Eltern dich beobachteten?

Eifersucht

Wenn wir das Gefühl haben, nicht genug geliebt zu werden, wenn wir glauben, dass andere die Aufmerksamkeit bekommen, die uns selbst zusteht, dann verlieren wir schon mal die Fassung. Für Kinder ist ein drohender Liebesverlust dramatisch. In der Phantasie greifen sie die Person dann oftmals an, die ihnen Liebe, Aufmerksamkeit, Zuwendung oder Respekt vorenthält. Ihre Fähigkeit zur Einfühlung ist dann wie weggeblasen und sie können sich nicht vorstellen, welche Motive das Verhalten der anderen Person leiten.

Später bereuen sie vielleicht ihre ärgerliche Reaktion. Manchmal fühlen sie sich auch beschämt, weil sie so ungeduldig und blind gehandelt haben.

In der folgenden Imagination geben wir den Kindern Gelegenheit, ihr impulsives Verhalten unter die Lupe zu nehmen und sich zu entschuldigen.

Mach es dir auf deinem Platz bequem und schließ die Augen. Atme ein Mal langsam aus.

Du bist ärgerlich, dass deine Mutter nicht mehr Zeit für dich hat. All ihre Zeit schenkt sie dem neuen Baby.

Vielleicht braucht auch dein jüngerer Bruder oder deine jüngere Schwester die Aufmerksamkeit der Mutter.

Du glaubst, dass du zu kurz kommst.

Aus deiner Enttäuschung wird Zorn. Im Stillen beschimpfst du deine Mutter. Du sagst nur unfreundliche, hässliche Dinge zu ihr. (Pause)

Atme ein Mal langsam aus.

Denk über deine Enttäuschung und deinen Ärger nach.

Wenn wir wütend sind, dann tun oder sagen wir leicht Dinge, die wir später bereuen. Wenn wir uns verletzt fühlen, sind wir oft bereit, anderen sehr weh zu tun.

Atme ein Mal langsam aus.

Erinnere dich, wann du das letzte Mal jemandem sehr weh getan hast.

Fühltest du dich damals selbst sehr verletzt?

Kannst du dir vorstellen, dass du diesen Menschen um Vergebung bittest?

Betrügen

Wenn wir betrogen werden, geraten wir leicht in Rage. Wir reagiern sensibel auf das Unrecht und verurteilen den Übeltäter. Besonders wenn unser Vertrauen missbraucht wurde, fühlen wir uns verletzt und gedemütigt.

Aber auch der Betrüger hat Probleme. Er lebt in der Furcht, dass der Betrug entdeckt wird. Er muss befürchten, dass ihn Zorn und Verachtung treffen. Außerdem leidet er an einem Verlust an Selbstachtung. Am schlimmsten ist jedoch die lähmende Wirkung des Betrugs: Der Betrüger muss viel Kraft aufwenden, um seine Schamgefühle zu unterdrücken.

In dieser Imagination versuchen wir, den Kindern ein differenziertes Bild von den Auswirkungen betrügerischen Verhaltens zu vermitteln.

Mach es dir auf deinem Platz bequem und schließ die Augen. Atme ein Mal langsam aus.

Erinnere dich an eine Situation, als du bei einer Prüfung geschummelt hast.

Denk an einen Tag zurück, wo du die Hausaufgaben von einem Mitschüler abgeschrieben hast.

Erinnere dich an eine Situation, in der du gelogen hast. (Pause)

Atme ein Mal langsam aus.

Oft schämen wir uns, wenn wir betrogen oder gelogen haben. Wir wissen, dass das nicht richtig war. Wir wissen auch, dass Lügen und Betrügereien verhindern, dass wir stolz auf uns sind. Wir hatten betrogen oder gelogen, um gut dazustehen.

Manchmal brauchen wir Mut, um ehrlich zu sein.

Stell dir vor, dass du einen Betrug beichtest.

Geh in der Phantasie zu jemandem, den du belogen hast.

Sag einfach: «Ich habe dich angelogen, es tut mir leid. Ich möchte es wiedergutmachen. Wie kann ich das tun?»

Was sagt die andere Person?

VERGEBUNG

Schon Kinder sollten die Kunst der Vergebung lernen. Nur dann können sie gute persönliche Beziehungen genießen, sich von Schuldgefühlen befreien und zu liebevollen und hilfsbereiten Erwachsenen werden.
Die folgenden Übungen sollen den Kindern helfen, diese wichtige Charakterstärke zu entwickeln.

Verzeihen können

Manchmal glauben wir, jemandem nicht verzeihen zu können. Wenn wir jemandem nicht vergeben, dann verweigern wir ihm einen Platz in unserem Herzen. Leider hat die verweigerte Vergebung Konsequenzen. Die Missetat bleibt uns im Gedächtnis, und immer wenn wir daran denken, spüren wir Schmerz oder Zorn und leiden aufs Neue.
Wenn wir jedoch bereit sind zu verzeihen, dann lösen wir uns von dem traumatischen Ereignis. Wir lassen es los und können dann entscheiden, wie wir die Beziehung weiterführen wollen. Vergebung bedeutet nicht Billigung, Vergebung bedeutet eher Mitgefühl mit mir selbst und mit dem Täter, der auch in seinem Leben mit Enttäuschung und Verletzung zu kämpfen hat.

Mach es dir auf deinem Platz bequem und schließ die Augen. Atme ein Mal langsam aus.
Denk an jemanden, über den du dich manchmal aufregst oder der dich manchmal verletzt. Das könnte z. B. deine Mutter sein, dein Vater, dein Bruder oder deine Schwester, ein Lehrer oder ein Freund, eine Lehrerin oder eine Freundin.
Stell dir vor, dass diese Person zu dir kommt und sich bei dir entschuldigt.
Höre, wie sie zu dir sagt: «Es tut mir leid, dass ich dich verletzt habe. Ich habe es damals nicht besser gewusst.»
Höre auch, wie diese Person zu dir sagt: «Ich liebe dich… Bitte verzeih mir.»
Wenn du das hörst, bist du dann bereit zu vergeben?

Um Vergebung bitten

Es ist leichter, mit Menschen auszukommen, die sich entschuldigen kön-
nen, wenn sie bemerken, dass sie zu weit gegangen sind oder dass sie uns
verletzt haben. Kinder müssen diese Bereitschaft entwickeln. Ganz kleine
Kinder sind dazu noch nicht in der Lage. Wir können erst dann um Verge-
bung bitten, wenn wir über ein gewisses Maß an Empathie verfügen und
uns vorstellen können, wie sich jemand fühlt, dem wir Unrecht getan
haben. Das Vorbild der Erwachsenen macht es leichter, diese wichtige
Charakterstärke zu entwickeln.

Mach es dir auf deinem Platz bequem und schließ die Augen. Atme ein
Mal langsam aus.
Denk an jemanden, den du verletzt hast. Sieh diese Person vor dir.
Höre, wie du zu diesem Menschen sagst: «Manchmal tue ich Dinge, die
ich hinterher bereue. Manchmal bin ich rücksichtslos, gedankenlos, unge-
duldig oder unbeherrscht. Anschließend tut es mir leid, was ich gesagt
oder getan habe. Ich bitte dich, mir zu vergeben.»
Glaubst du, dass dieser Mensch bereit ist, dir zu vergeben?
Was könnte ihn dazu bewegen?
Ist dieser andere Mensch davon überzeugt, dass du aufrichtig bereust, was
du getan hast?

Mitgefühl

Diese Imagination ist für ältere Kinder und Jugendliche gedacht. Sie geht
von einem Gefühl der Solidarität aus: Wir alle versuchen, unser Bestes zu
geben, scheitern jedoch oft an unserer Unzulänglichkeit, an unserer Unge-
duld und Kleingläubigkeit. Wenn wir uns unglücklich fühlen, dann han-
deln wir mehr oder weniger blind.
In der Sprache der Juristen würde man jetzt von mildernden Umständen
sprechen. Jeder hat das Recht, sie in Anspruch zu nehmen, und es wäre
gut, wenn jeder bereit wäre, sie zu gewähren.

Mach es dir auf deinem Platz bequem und schließ die Augen. Atme ein
Mal langsam aus.
Denk an jemanden, den du liebst, und der dich verletzt hat. Sieh diese Per-
son vor dir und erinnere dich genau daran, was sie gesagt oder getan hat.
Spüre noch einmal den Schmerz und die Verletzung von damals.
Atme ein Mal langsam aus.

Kannst du dir vorstellen, warum dieser Mensch dich verletzt hat?

Vielleicht war dieser Mensch selbst aufgeregt, unglücklich, ängstlich oder verletzt. Denk daran, dass glückliche Menschen sehr selten andere verletzen wollen.

Kannst du diese Enttäuschung jetzt mit mehr Verständnis betrachten?

Denk darüber nach, dass es bei Verletzungen nur ein Mittel gibt, das mit Sicherheit hilft: unsere Bereitschaft zu vergeben.

Stell dir vor, dass du den Menschen, der dich verletzt hat, zu dir rufst.

Schau ihm in die Augen und sag ihm, dass du prüfst, ob du ihm schon vergeben willst.

Und wenn du schon so weit bist, dann kannst du die drei Worte sprechen, die ein Leben verändern können:

«Ich vergebe dir.»

Sich selbst vergeben

Wir können anderen leichter vergeben, wenn wir bereit sind, uns selbst zu vergeben. Für manche von uns ist das eine schwierige Kunst.

Mach es dir auf deinem Platz bequem und schließ die Augen. Atme ein Mal langsam aus.

Sprich mir die folgenden Sätze im Stillen nach und achte darauf, welche Gedanken und Gefühle sie bei dir auslösen:

- Ich vergebe mir selbst Dinge, die ich getan habe und die ich besser nicht getan hätte.
- Ich vergebe mir selbst Dinge, die ich gesagt habe und die ich besser nicht gesagt hätte.
- Ich vergebe mir, dass ich geschwiegen habe, als ich hätte sprechen sollen.
- Ich vergebe mir, dass ich nichts getan habe, als ich hätte handeln sollen.

Nun stell dir vor, dass du am Ufer eines kleinen Flusses stehst. Wenn du willst, kann es auch ein Teich oder ein Wasserbecken sein.

Es ist kein beliebiges Wasser, sondern man nennt es das «Wasser der Vergebung». Wer darin badet, der kann alle Vorwürfe abspülen, mit denen er sich selbst belastet hat.

Und wer wieder heraussteigt, fühlt sich vollständig erfrischt und in der Lage, ein neues Kapitel in seinem Leben aufzuschlagen.

In der Phantasie kannst du ausprobieren, welches Wunder dieses Wasser für dich bewirken kann.

INTUITION

Unsere Intuition schöpft aus unserem Unbewussten, in dem all das aufbewahrt wird, was unser bewusster Geist nicht ohne Weiteres versteht. Jede Form von Weisheit gehört dazu, aber auch die Intelligenz unseres Körpers und unserer Gene, sowie das Wissen, das unsere Vorfahren angesammelt haben.

Unsere Intuition ist eng mit unserer bildhaften Vorstellungskraft, unserer Kreativität und unserer Neugier verbunden, die bestrebt sind, über das bereits Bekannte hinauszugehen.

Kinder verfügen oft über eine starke Intuition. Mit diesen Übungen wollen wir ihnen Mut machen, sie zu benutzen und in den Dienst ihrer Entwicklung zu stellen.

Eine neue Perspektive

Auch für Kinder ist die Frage wichtig: Welches sind meine Ziele?
Kleine Kinder leben weitgehend im Augenblick und genießen alles, was die Gegenwart zu bieten hat. Je älter sie werden, desto wichtiger wird auch die Zukunftsperspektive, damit sie ihrem Leben eine Richtung geben können, die zu ihnen passt. Hier wird der Blick in die Zukunft auf eine überraschende Weise erleichtert.

Mach es dir auf deinem Platz bequem und schließ die Augen. Atme ein Mal langsam aus.

Stell dir vor, dass du in der Krone eines hohen Baumes sitzt. Von hier oben hast du ein ganz neues Bild von der Welt.

Was musst du in deinem Leben jetzt tun?

Was willst du tun?

Wohin möchtest du gehen?

Hast du einen Kompass für deinen Weg?

Hast du Proviant für die Reise?

Hast du Menschen, die dich begleiten oder unterstützen?

Der weise Vogel

Hier geht es darum, ein Gefühl für die Zukunft zu entwickeln und die Aufgaben zu erkennen,, die gelöst werden müssen. Diese poetische Symbolik spricht die Kinder an, die es gewohnt sind, die Welt mithilfe ihrer Phantasie zu erkunden.

Mach es dir auf deinem Platz bequem und schließ die Augen. Atme ein Mal langsam aus.

Stell dir vor, dass du auf dem Rücken eines großen, weisen Vogels auf eine Reise gehst. Der Vogel flüstert dir zu: «Ich werde dir etwas zeigen, was wichtig für dich ist…»

Wohin fliegt der Vogel mit dir und was zeigt er dir?

Was sollst du für dich tun?

Am Ende deines Fluges kannst du dich bei dem Vogel bedanken.

Sieh dir dabei zu, wie du anfängst, das Wichtige zu tun, was der Vogel dir offenbart hat.

Eine wertvolle Weisheit

Manche Kinder müssen sich ihren Weg durch die Welt hart erarbeiten. Dabei stärken sie ihre Willenskraft, die Fähigkeit zu Mitgefühl und ihren Sinn für Weisheit. Lehrer, Eltern und Therapeuten können oft nicht als Wegweiser dienen. Kinder und Jugendliche können jedoch lernen, auf die Kraft der eigenen Intuition zu bauen. Die folgende Imagination ist ein Klassiker und im Leben zahlloser Erkenntnissucher bewährt.

Mach es dir auf deinem Platz bequem und schließ die Augen. Atme ein Mal langsam aus.

Stell dir vor, dass du in eine hell erleuchtete Höhle kommst. Dort sitzt ein weiser Mann oder eine weise Frau an einem Feuer. Dieser weise Mensch erwartet dich, um dir mitzuteilen, was du als Nächstes tun musst.

Was sagt dieser weise Mensch zu dir?

Denk daran, dich für den Rat zu bedanken.

Spüre, wie du anfängst, diese Vorschläge zu befolgen.

Wie geht es dir dabei?

Falscher Guru

Leider ist nicht alles, was uns unsere Intuition sagt, wertvoll und gut. Wunschdenken, Eitelkeit oder Habgier flüstern uns trügerische Empfehlungen zu. Wir müssen prüfen, ob wir Menschen, die uns Rat geben, auch vertrauen können. Manchmal handelt es sich um einen falschen Guru, dessen Empfehlungen wir nicht folgen dürfen. Auch Kinder müssen mit dieser Möglichkeit rechnen.

Mach es dir auf deinem Platz bequem und schließ die Augen. Atme ein Mal langsam aus.

Stell dir vor, dass im Innern der Höhle jetzt ein falscher Guru sitzt. Er ist überhaupt nicht weise, sondern er tut nur so, um den Ratsuchenden Geld abknöpfen zu können.

Stell dir vor, dass dieser falsche Ratgeber dir einen Rat gibt. Auf den ersten Blick hört er sich richtig an, aber in Wirklichkeit ist er wertlos.

Höre, was die Person zu dir sagt. Warum ist das kein guter Rat?

Sag dem falschen Ratgeber, dass du nicht auf ihn hören wirst.

Wie kannst du unterscheiden zwischen einem weisen Rat und einer törichten Aufforderung?

Woran merkst du, dass du einen anderen Weg einschlagen musst?

Die fremde Stadt

Kinder verfügen bereits über die Kunst des symbolischen Denkens. Sie können ihr Unbewusstes mit Hilfe dieser kompakten Imagination befragen. Wenn sie Glück haben, bekommen sie eine wichtige Anregung.

Mach es dir auf deinem Platz bequem und schließ die Augen. Atme ein Mal langsam aus.

Stell dir vor, du wachst in einem Hotel in einer fremden Stadt auf. Du gehst auf die Straße und beginnst, die Stadt zu erkunden. Finde heraus, was es hier Besonderes gibt.

Besuche den Friedhof. Finde einen besonderen Grabstein. Wie lautet die Inschrift?

Kannst du in dieser Inschrift einen persönlichen Hinweis für dich entdecken? (Pause)

Wenn du bereit bist, dann kehre zu dem Ort zurück, wo du deine Erkundung begonnen hast.

DIE STIMME DES GEWISSENS

Die Stimme unseres Gewissens kann uns helfen, innere Konflikte zu lösen und die eigenen Gefühle und Wünsche als Kompass zu benutzen.

Es ist die Aufgabe der Erwachsenen, Kindern und Jugendlichen zu helfen, ihre ganz persönliche innere Stimme zu entdecken. Dann sind sie leichter in der Lage, ihr Verhalten zu überprüfen.

Im Laufe unseres Lebens wird es leichter, unsere innere Stimme zu hören und ihre Empfehlungen werden klarer. Wir entdecken mit der Zeit, dass wir unserer inneren Stimme vertrauen können.

Meine innere Stimme

Unsere innere Stimme kommentiert fortlaufend das, was wir denken, was wir erleben, was wir tun. Am Anfang unseres Lebens ist die innere Stimme von den Wünschen und Geboten der Eltern geprägt. Unsere Entwicklungsaufgabe besteht darin, äußere Einflüsse so weit zu integrieren, dass die innere Stimme weitgehend zu unserer eigenen Stimme wird. Unsere innere Stimme hören wir am deutlichsten, wenn wir eine Pause einlegen, schweigen und nach innen lauschen.

Für die Kinder kommt es darauf an, dass sie an die Existenz ihrer inneren Stimme glauben und lernen, auf sie zu hören. Dann haben sie die Voraussetzung dafür, sich selbst zu steuern und eigene Wertvorstellungen zu entwickeln.

Mach es dir auf deinem Platz bequem und schließ die Augen.

Atme ein Mal langsam aus und achte auf deinen Atem.

Du musst nichts an deiner Art zu atmen verändern. Beobachte deinen Atem nur aufmerksam:

• die Tiefe,

• die Temperatur,

• die Länge der Pause zwischen zwei Atemzügen.

Wenn du deinen Atem auf diese Weise beobachtest, dann entsteht in dir eine innere Stille.

In dieser inneren Stille kannst du deine innere Stimme hören. Kein anderer weiß, was deine innere Stimme zu sagen hat und manchmal ist das auch für dich selbst überraschend.

Unsere innere Stimme nennen wir manchmal Gewissen, manchmal auch Weisheit. Wusstest du, dass auch Kinder weise sein können?

Lausche noch einen Augenblick in dich hinein und versuche, zu hören, was deine innere Stimme dir sagt. Das können ganz verschiedene Dinge sein:

- einzelne Worte,
- Empfindungen von Wärme und Kälte,
- eine Veränderung deines Herzschlags,
- und manchmal hört es sich so an, als würde deine innere Stimme ja oder nein sagen.

Doch manchmal schweigt unsere innere Stimme auch. Sie ist da, aber sie meldet sich aus irgendeinem Grunde nicht. Vielleicht ist sie müde, vielleicht ist sie gerade mit einem wichtigen Thema beschäftigt.

Aber auch eine schweigende innere Stimme ist wertvoll. Du kannst dich darauf verlassen, dass sie sich zur richtigen Zeit wieder melden wird. (Pause)

Hat deine innere Stimme irgendetwas zu dir gesagt?

Klüger werden

Auch Kinder stellen sich in Abständen die Frage, worauf es im Leben ankommt. Unsere innere Stimme kann uns helfen, eine Antwort auf die Frage nach unserer Lebensaufgabe zu finden. Wir sollen die innere Stimme wie einen guten Freund behandeln und Fragen an sie richten. Genau das können die Kinder in dieser Imagination üben.

Mach es dir auf deinem Platz bequem und schließ die Augen. Atme ein Mal langsam aus.

Manchmal meldet sich deine innere Stimme bei dir. Kannst du sie hören?

Deine innere Stimme ist deine beste Freundin. Sie möchte nur das, was am besten für dich ist und was du später nicht bereuen musst. Deine innere Stimme möchte, dass du glücklich und erfolgreich bist.

Du kannst nun eine Frage an deine innere Stimme richten:

«Was muss ich tun, damit ich klüger werde – in einem Tag, in einer Woche und in einem Monat?»

Hat deine innere Stimme irgendetwas zu dir gesagt?

Einen Erfolg vorbereiten

Wir können die innere Stimme nicht nur dann konsultieren, wenn es um die ganz großen Fragen des Lebens geht. Wir können sie auch zu ganz praktischen, für den Augenblick wichtigen Themen befragen.

Mach es dir auf deinem Platz bequem und schließ die Augen.
Atme ein Mal langsam aus.
Frag deine innere Stimme, was du heute tun, denken oder sagen sollst, damit du in drei Tagen oder in einer Woche bei einem Vorhaben Erfolg hast. Lass dich überraschen und warte eine Weile in Ruhe ab. (Pause)
Nicht immer bekommen wir eine vollständige Antwort. Manchmal bekommen wir nur bruchstückhafte Hinweise, die wir dann selbst ergänzen müssen. Auch das kann schon eine große Hilfe sein.

Wer fragt, erhält eine Antwort

Je häufiger wir unsere innere Stimme befragen, desto leichter können wir in einen Dialog mit ihr eintreten.
Wenn die Kinder die Gewohnheit entwickeln, mit ihrer inneren Stimme zu sprechen, so ist das eine gute Grundlage für besonnenes Verhalten. Schnelles, hektisches Verhalten wird gebremst und die Kinder bekommen mehr Kontrolle über ihr eigenes Vorgehen. Der Dialog mit der inneren Stimme bestätigt den Kindern, dass sie selbst Entscheidungen treffen können. Das stärkt wiederum ihre Selbstachtung.

Mach es dir auf deinem Platz bequem und schließ die Augen. Atme ein Mal langsam aus.
Beginne damit, dass du deiner inneren Stimme dafür dankst, dass sie dich unterstützt.
Und nun befrage deine innere Stimme, was du tun sollst,
• damit du mit deinen Eltern oder mit deinen Geschwistern besser auskommst,
• damit du mit deinen Lehrern gut zusammenarbeiten kannst,
  (atme ein Mal langsam aus.)
• damit du deine Hausaufgaben schaffen kannst.
  (atme einmal langsam aus.)
• damit du mit dir selbst besser auskommst,
• damit du dich selbst magst,

• damit du neugierig auf das Leben sein kannst.

Hast du hören können, was deine innere Stimme zu sagen hat?

Verstehst du, warum dir deine innere Stimme diese Dinge sagt?

Ja und Nein

Wir wünschen uns, dass die Kinder auch die Fähigkeit zu kritischem Denken entwickeln, damit sie erkennen können, wann sie ja und wann sie nein sagen sollten

• *zu unpassenden eigenen Wünschen,*
• *zu Vorschlägen von Freunden oder Klassenkameraden,*
• *zu Forderungen und Ratschlägen der Eltern.*

Mach es dir auf deinem Platz bequem und schließ die Augen. Atme ein Mal langsam aus.

Manchmal wünschen wir uns, dass unsere innere Stimme uns sagt, was wir tun sollen. Und von Zeit zu Zeit meldet sich die innere Stimme und sagt uns, was wir nicht tun sollen.

Atme ein Mal langsam aus.

Nimm dir jetzt etwas Zeit, um mit deiner inneren Stimme zu reden. Bitte sie um eine klare Antwort auf zwei Fragen:

• Was soll ich tun?
• Was soll ich nicht tun?

Optimismus

Optimismus ist die beste Waffe gegen das lähmende Gefühl der Hilflosigkeit. Wenn wir uns hilflos fühlen, dann stehen wir ohne Hoffnung da, wir fühlen uns verletzlich und isoliert. Für Kinder und Erwachsene ist Optimismus ein wichtiger Bestandteil ihrer Widerstandskraft. Damit ist jene Stärke gemeint, mit der wir Krisen, ja sogar traumatisierende Erfahrungen überwinden können. Als Optimist bin ich davon überzeugt, dass ich im Sinne von Eric Berne OKAY bin, dass ich so wertvoll bin wie alle anderen auch und dass ich genügend Ressourcen habe, um mit den Herausforderungen des Lebens fertig zu werden.

Damit die Kinder ihr Leben optimistisch sehen können, brauchen sie mindestens einen Menschen, der ihnen nahesteht, der sich für sie interessiert und der liebevoll zu ihnen ist.

In dieser Imagination weisen wir die Kinder darauf hin, dass sie einen zusätzlichen Begleiter in ihrem Leben haben, ihre innere Stimme. Und dass diese innere Stimme ein Grund ist, hoffnungsvoll in die Zukunft zu sehen.

Mach es dir auf deinem Platz bequem und schließ die Augen. Atme ein Mal langsam aus.
Du darfst wissen, dass deine innere Stimme dich immer begleitet.
Sprich jeden Tag mit ihr. Sie antwortet dir, wenn du sie ernsthaft fragst.
Manchmal brauchst du etwas Geduld, denn auch die innere Stimme muss manchmal überlegen.
Denk daran, ihr für Rat und Beistand zu danken.
Ihr größtes Geschenk ist, dass sie dich optimistisch in die Zukunft blicken lässt.

Abwägen können

Die Kunst der Reflexion, des weisen Urteils muss von den meisten Menschen ein Leben lang geübt werden. Die meisten von uns sind in der Gefahr, zu schnell zu entscheiden. Dabei vergessen wir leicht, wie wenig gesichertes Wissen wir haben. Zu selten akzeptieren wir unsere existenzielle Rolle des Unwissenden und des Schülers.
Diese Imagination hat einen starken meditativen Charakter und wendet sich vor allem an ältere Kinder.

Mach es dir auf deinem Platz bequem und schließ die Augen. Atme ein Mal langsam aus.
Kannst du dich daran erinnern, wann du zum ersten Mal deine innere Stimme gehört hast?
Deine innere Stimme begleitet dich auf Schritt und Tritt. Sie kennt dich besser, als irgendjemand sonst. Sie möchte dir helfen, dass du immer das tust und sagst, was für dich am besten ist. Was gestern für dich am besten war, kann schon heute oder morgen das Zweitbeste sein. Deshalb ist es wichtig, immer neu mit der inneren Stimme zu sprechen.
Neben der inneren Stimme hat jeder von uns noch andere Berater: Eltern, Freunde und Lehrer.
Manchmal sagt die innere Stimme dir, was auch die anderen Berater meinen, manchmal sagt sie dir etwas anderes. Dann musst du dir genügend Zeit nehmen, um über das Für und Wider nachzudenken.

Manche Fragen sind sehr schwer zu beantworten. Daher gibt es oft mehrere Antworten auf dieselbe Frage.

Und das kannst du jetzt ausprobieren: Erinnere dich an eine schwierige Frage, die dich in der letzten Zeit beschäftigt hat. Finde mindestens drei Möglichkeiten, wie diese Frage beantwortet werden kann.

Ein Ritual finden

Rituale helfen uns bei der geistigen Konzentration. Sie unterstreichen, dass wir etwas Wichtiges tun. Sie markieren einen Zeitabschnitt, der eine besondere Bedeutung hat. Darum geben wir dem Ritual einen Anfang und ein Ende. Ich hoffe, dass wir es den Kindern damit leichter machen, mit sich selbst ins Gespräch zu kommen.

Mach es dir auf deinem Platz bequem und schließ die Augen. Atme ein Mal langsam aus.

Vielleicht hast du schon einmal den Wunsch gehabt, deiner inneren Stimme einen Namen zu geben. Hast du einen passenden Namen gefunden?

Vielleicht findest du auch ein Bild für deine innere Stimme.

Wenn du dann Kontakt zu ihr aufnehmen möchtest, siehst du vielleicht dieses Bild vor dir.

Es gibt viele Möglichkeiten, wie du Kontakt mit deiner inneren Stimme aufnehmen kannst, z. B. indem du

• eine Melodie summst,
• eine Hand aufs Herz legst,
• drei Mal langsam ausatmest.

Wenn du mit deiner inneren Stimme gesprochen hast, dann gib der Unterhaltung einen richtigen Schluss. Vielleicht möchtest du sagen: Danke für dieses Gespräch, du hast mir geholfen, ich melde mich wieder bei dir.

Es gibt viele Möglichkeiten, einen Schlusspunkt zu setzen. Was würdest du selbst am liebsten sagen?

PERSÖNLICHE STÄRKEN

In diesem Abschnitt sollen die Kinder mit verschiedenen Charakterstärken experimentieren. Wir benutzen das Symbol der Kopfbedeckung, um die Phantasie der Kinder auf bestimmte Stärken zu lenken.

Der englische Psychologe De Bono ist für seinen Einfall bekannt, den Teilnehmern an seinen Kreativitätskursen Hüte aufzusetzen, die verschiedene mentale Aktivitäten markieren. Für Kinder ist die Idee des Hutes genauso hilfreich. Wenn wir später einen Impuls für ein anderes Verhalten geben wollen, dann können wir an den betreffenden Hut erinnern: «Stell dir vor, dass du wieder den Hut des Selbstvertrauens trägst. Was tust du, wenn du dich von diesem Hut leiten lässt?»

Selbstbewusst

Dieses Wort ist den meisten Schulkindern geläufig. Zur Vorbereitung der folgenden Imagination können Sie eine Demonstration anregen: Ein Kind erhält eine Kopfbedeckung mit einem Schild, auf dem SELBSTBEWUSST steht. Es geht damit vor der Gruppe auf und ab und eventuell auch auf einige Kinder zu. Das alles findet ohne Worte statt.

Mach es dir auf deinem Platz bequem und schließ die Augen. Atme ein Mal langsam aus.

Stell dir vor, dass du in einem ganz besonderen Laden bist, in dem es nur Kopfbedeckungen gibt: Hüte, Mützen, Sportkappen, Turbane, Kopftücher usw. Betrachte die Regale mit den vielen verschiedenen Kopfbedeckungen in allen Farben und Formen.

Wähle dir eine Kopfbedeckung, auf der das Wort «SELBSTBEWUSST» steht. Setz diese Kopfbedeckung auf und betrachte dich in dem großen Spiegel, der an der Wand hängt.

Was siehst du?

Wie gefällt dir dein Aussehen?

Kannst du deinen Gesichtsausdruck noch etwas mehr an deine Kopfbedeckung anpassen?

Der Ladeninhaber klärt dich über diese besondere Kopfbedeckung auf: «Wer sie trägt, der fühlt sich von Kopf bis Fuß selbstbewusst.»

Du darfst diese Kopfbedeckung für einen ganzen Tag ausleihen. Erst am Abend musst du sie wieder zurückbringen.

Was tust du, wenn du diese Kopfbedeckung mit der Aufschrift «SELBST-BEWUSST» trägst?

Wie fühlst du dich dabei?

Was geschieht?

Weise

Weisheit zeigt sich in der Fähigkeit, das Wesentliche und das Richtige zu erkennen. Darüber hinaus hat die Weisheit Überzeugungskraft. Sie leuchtet uns ein.

Die meisten Kinder und Jugendlichen wissen, was sie selbst unter Weisheit verstehen.

Mach es dir auf deinem Platz bequem und schließ die Augen. Atme ein Mal langsam aus.

Sei in einem Laden, in dem es nur Hüte gibt, und sieh dich um.

Wähle einen Hut mit der Aufschrift «WEISHEIT».

Welche Form und welche Farbe hat dieser Hut?

Aus welchem Material ist er gemacht?

Sobald du diesen Hut aufgesetzt hast, spürst du, dass du den Hut der Weisheit gewählt hast. Du fängst an, weise zu sprechen, weise zu handeln und dich weise zu fühlen.

Du darfst diesen Hut für ein paar Stunden ausleihen. Was geschieht, wenn du diesen Hut trägst?

Beschreibe, was du tust und wie du dich fühlst.

Beschreibe, was weiter geschieht.

Vielleicht möchtest du diesen Hut für immer behalten, aber das ist leider nicht möglich. Zum Glück hat dieser Hut die Eigenschaft, dass er seinem Träger eine kleine Portion unzerstörbarer Weisheit schenkt. (Pause)

Und es gibt noch eine weitere gute Nachricht: Du kannst in diesen Laden jederzeit zurückkehren, um dir den Hut der Weisheit auszuleihen.

Der Tag des magischen Hutes

Bei dieser Imagination überlassen wir es den Kindern, selbst zu entscheiden, mit welcher Stärke sie experimentieren möchten.

Mach es dir auf deinem Platz bequem und schließ die Augen. Atme ein Mal langsam aus.

Du gehst wieder zu dem Hutgeschäft, das dir inzwischen gut bekannt ist.

Im Schaufenster siehst du ein Schild, auf dem steht: «Heute ist der Tag des magische Hutes».

Auf diesem Hut steht nicht geschrieben, welche Stärke er seinem Besitzer verleiht. Du musst dich also für einen Hut entscheiden, dessen Farbe und Form dich anspricht.

Wenn du einen Hut gewählt hast, kannst du innen auf dem Hutband lesen, welche Stärke er dir gibt.

Auch diesen Hut kannst du für einen ganzen Tag ausleihen.

Was ist anders, wenn du diesen Hut trägst?

Was tust du?

Was sagst du?

Wie behandeln dich die anderen Menschen?

Ist dies ein Hut, den du gern an vielen Tagen tragen würdest?

Mehr Imaginationen und Phantasiereisen

iskopress

Klaus W. Vopel

Der fliegende Teppich 1+2
Leichter lernen durch Entspannung

Teil 1 (für 6- bis 12-jährige)
162 Seiten, Paperback
ISBN 978-3-89403-293-7

Teil 2 (für Jugendliche ab 13)
158 Seiten, Paperback
ISBN 978-3-89403-292-0

Klaus W. Vopel

Phantasiereisen
für Kinder und Jugendliche ab 10 Jahren
142 Seiten, Paperback
ISBN 978-3-89403-253-1

Klaus W. Vopel

Ein starkes Ich
Geleitete Imaginationen für Jugendliche
175 Seiten, Paperback
ISBN 978-3-89403-345-3

Für nähere Informationen fordern Sie bitte unser Gesamtverzeichnis an:

iskopress
Postfach 1263
21373 Salzhausen
Tel.: 04172 / 7653; Fax: 04172 / 6355
eMail: iskopress@iskopress.de
Internet: www.iskopress.de